KB073474

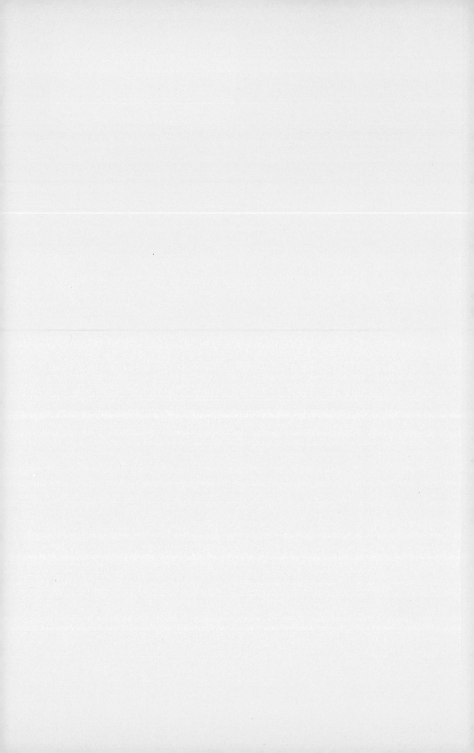

팔리는
나를
만들어
팝니다

영리한 자기 영업의 기술

팔리는
나를
만들어
팝니다

박창선 지음

RHK
알에이치코리아

프롤로그

불티나게 팔아보자

당신은 당신의 능력이 얼마 정도 가격에 팔릴 수 있다고 생각하나요? 지금 회사 안의 직원으로, 혹은 밖에서 프리랜서로 일하고 있다면, 당신이 한 일의 제값을 제대로 받고 있나요? 골똘히 생각해 보면 참으로 야박합니다. 회사에 들어간다는 건, 발주에 맞게 작업물을 제공한다는 건 나를 통째로 갈아넣겠단 소리가 아닌데 말이죠. 내 인격이나 꿈, 인생을 희생하겠다는 의지의 표현도 아닙니다. 일이라는 것은 미래가치를 포함한 나의 능력을 연봉이라는 숫자로 책정한 뒤 맞교환하는 행위와 가장 가깝습니다. 내가 가진 능력을 상대가 필요로 한다면, 정당한 대가를 받고 제공하는 것입니다. 우리가 살고 있는 세상에서 돈을 버는 방법은 여러 가지가 있지만 자본이 자본을 버는 경우를 제외한다면 대부분 가진 능력이나 만든 제품을 판매하는 일로부터 시작합니다. 거래에서 중요한 건 나를 필요로 하는 사람이 누군지, 그 사람은 뭘 원하는지, 나는 그것을 제대로 줄 수 있는지, 이 세 가지 조건이 충족되느냐입니다.

능력을 판매할 곳이 생겼다면 다음 작업은 '잘 전달하는 방법'을 고안하는 것입니다. 같은 능력이라도 어떻게 광고하고 구현해내느냐에 따라 그 가치는 달라질 수 있습니다. 생소한 듯 보이지만 우리는 이미 숱하게 봐왔습니다. 동료 A는 나와 아는 것도 하는 일도 비슷합니다. 하지만 그는 프레젠테이션 달인에 유창한 언변으로 주변에 사람들을 끌어모으고 어려운 영업도 척척 해내죠. 그럼 나는 세상 슬픈 패배자로 머물러 있어야 할까요? 아닙니다. 나에겐 A가 따라올 수 없는 금손이 있죠. 쌈박한 디자인으로 새로운 상품을 기획하고 생산해낼 수 있는 능력이 있습니다. A가 입을 놀릴 때 나는 손을 놀리면 됩니다. 누가 잘났고 못났냐의 문제가 아니라, 가진 능력을 어떻게 극대화하느냐로 관점을 달리 가져야 합니다.

물론 지금까지 살아온 대로 앞으로 쭉 살아도 당장 어떻게 되진 않을 겁니다. 하지만 우리는 피땀 눈물 흘리며 하루 일과를 버티듯 살아가고 있습니다. 확실히 말할 수 있습니다. 매일 하는데도 매번 녹록지 않을 겁니다. 이놈의 세상은 여차하면 내 코를 베어가려고 호시탐탐 틈을 노립니다. 앞으로 갈 길도 막막한데 학자금 대출과 월세는 나의 발목을 잡아채고, 사직서를 만지작거려도 묘수는 나오지 않으며, 텅 빈 계좌의 잔액이 날 뚫어져라 노려봐도 인생은 쉬지 않고 계속됩니다. 어떻게든 살아남아야 하죠. 하지만 지금껏 숱한 고비들을 버텨내며 많은 경험과 지식을 쌓았습니다. 그러다 보니 나만의 '무언가'가 내 안에 형성되어왔습니다. 이제 그것에 적절한 이름표를 붙이고 기똥찬 것으로 선보일 차례입니다. 나만 가지고 있는 나만의 능력의 정당한 가치를 주장할 때죠. 그리고 저는 가급적이면 당신의 소중한 '그것'이 평가절하당하지 않았으면 좋겠습니다.

　책을 쓰면서 이런 생각을 했습니다. 나와 같은 곳에 발 딛고 일하는 사람들에게 이 책이 자기계발서가 아닌 생존매뉴얼이 되었으면 좋겠다고요. 지금 우리는 옥상에서 멋지게 돈 뿌리기 위해 일하는 게 아니잖습니까. 삼시세끼 꼬박꼬박 챙겨 먹고 내 몸 뉘일 집 한 칸 구하겠다고 발에 땀나도록 뛰어다니고 있습니다. 그 와중에 끄떡없는 건강과 한 줌의 꿈과 진정한 자아까지 찾기 위해 남들 쉴 때 강연 하나라도 더 듣고, 명상도 하고, 요가도 하고, 가슴 근육도 키웁니다. 그 어느 때보다도 치열하고 다양하게 바쁜 삶을 살고 있는 지금 우리에게 필요한 건 '가진 것을 불타나게 파는 능력'입니다. 능력만 있어서도, 입만 놀려서도 안 되는 우리는 두 마리 토끼를 다 잡고도 여유 있는 웃음을 지을 줄 알아야 합니다.

　나 자신을 가장 값지게 판매할 수 있는 방법을 고민해 보았습니다. 제가 엄청난 자기 영업의 달인이라서 이 책을 쓴 건 아닙니다. 전 이제 반칠십이 갓 넘은 아주 새파란(여러분이 인정하지 않더라도) 청춘인 데다가 이 험한 세상에서 살아남아 보려고 매일 고군분투하고 있는 1인입니다. 오늘은 내 앞으로 의뢰서가 들어왔더라도 내일엔 내일의 일을 구해야 합니다. 인세는 생각보다 소박해서 열심히 홍보 뛰지 않으면 초코빵 하나도 사먹기 힘듭니다. 강의는 준비하는 시간과 왕복 교통비 등등을 고려해 보면 적자입니다. 통장 잔고만의 문제가 아닙니다. 내년엔 어떻게 될까. 그다음은 어떻게 살아야 할까. 개똥 같아 보여도 나에겐 소중한 철학을 지킬 수 있을까. 난 진짜 원하는 삶을 살고 있는가. 고민과 번뇌는 여전합니다. 그럼에도 이런 글을 쓰게 된 건 제가 걸어온 숲 속에서 발견한 독버섯과 달콤한 과일, 적을 피해 숨을 만한 곳 등을 공유하자는 차원이랄까요. 인생은 트랙을 도는 게 아니니까요. 가봤던 길엔 이런 방법도 있더라고요.

'나를 팔자'는 말은 자칫 많은 것을 간과한 채 '샤샤샥 잘 팔아서 한몫 챙겨보자'는 의미로 해석될 수도 있을 겁니다. 하시만 만약 그런 의도였다면《로또 번호 직중예상 200신》과 같은 책을 썼겠죠. 나를 짝퉁으로 만들지 않으려면, 내 판매가 사기가 되지 않으려면, 매 순간 자신의 능력을 다듬으며 진정성으로 채워나가야 합니다. 저는 이제부터 몇 가지 판매에 도움이 될 이야기들을 해드리려고 합니다. 어제는 안 팔렸던 내 능력이 어쩌면 몇 개의 수정, 보완만으로 내일은 불티나게 팔릴지 모릅니다. 하지만 팔고 난 다음에 벌어질 수많은 책임까지 생각해 봐야 합니다. 당당하게 나를 팔기 위해선 판매하려는 것들에 확신과 자신감이 있어야겠죠. 그리고 그게 뭐든, 무조건 스스로의 힘으로 해내야 합니다.

저는 이 책으로 제 능력이 판매되는지 두 눈으로 확인할 참입니다. 아주 냉혹한 시간이 되겠죠. 다리가 달달 떨립니다. 설렘과 두려움을 반반씩 안고 쓰고 있습니다. 당신도 이 냉혹한 출발선에 함께 서 계시는 거라고 생각합니다. 전 컴퓨터를 켜고 원고를 써 내려가기 시작했고, 당신은 이 책을 펴고 읽을 준비를 하고 있으니까요. 우리 한번 잘 팔아봅시다. 저는 저대로, 당신은 당신대로. 불타나게.

마지막으로 팔릴 만한 능력의 조건이 뭔지, 난 팔릴 만한 사람인지 함께 고민해 주며 격한 쓴소리와 격려를 아끼지 않은 사업 선배이자 인생 동반자인 배우자님께 감사의 말씀을 드립니다.

응원과 염원을 담아,
박창선

< CONTENTS >

PART2 생각 팔아 마음 사기

PART3 상품 팔아 돈 벌기

PART 1
능력 팔아 기회 얻기

팔리는 능력을
만드는 수식어

능숙한,
깊이 있는,
경계 없는

가진 능력을 재주껏 팔아 돈을 벌어보려 합니다. 우리 대부분은 사람들이 탐하는 능력을 갖고 싶어 합니다. 그렇다면 일단 우리 사회가 정의하는 '능력'이 무엇인지 먼저 알아야겠죠. 능력의 사전적 정의는 '일을 감당할 수 있는 힘'입니다. 영어에서 '힘'을 뜻하는 **power**는 접두어 **pos**로 사용되곤 합니다. 힘을 뜻하는 **pos**에 **able**이 합쳐지면 'possible', 즉 가능성이란 단어가 탄생합니다. 무언가를 이뤄낼 수 있는 확률을 의미하죠.

반면 '재능'을 뜻하는 달란트talent는 조금 다른 뜻으로 쓰입니다. 고대 그리스어로 '저울', '계량'을 뜻하는 탈란톤talanton에서 비롯된 말입니다. 고대 그리스 등지에서 화폐나 질량을 재는 단위로 쓰이곤 했습니다. 이후 성경의 마태복음에서도 달란트가 다시 언급됩니다.

"또 어떤 사람이 타국에 갈 때 그 종들을 불러 자기 소유를 맡김과 같으니 각각 그 재능대로 한 사람에게는 금 다섯 달란트를, 한 사람에게는 두 달란트를, 한 사람에게는 한 달란트를 주고 떠났더니…"

여기서 언급하는 달란트는 하늘에서 받은 재능이란 의미입니다. 능력을 두고 하늘이 소유한 재산을 종들에게 맡기는 것과 같다고 표현하고 있습니다. 상환의 의무가 없으니 이것은 '증여'에 가깝습니다. 선물 받은 것과 같은 이치입니다. 이와 비슷한 단어로는 gift가 있겠습니다. gift 역시 give와 같은 뿌리에서 태어난 단어로, 교환이나 대가의 의미가 없이 그저 '부여받은' 것을 의미합니다.

이처럼 능력은 두 가지 의미가 있습니다. 무언가를 이루기 위한 수단으로서의 능력과 내 의지와 상관없이 부여받은 선천적인 재능이죠. 후자를 놓고 보면 콧구멍에 500원짜리 열 개를 집어넣는 것도, 온종일 잠만 잘 수 있는 것도 능력일 수 있습니다. 수단이나 목적과 상관없이 그저 나에게 존재하는 것이죠. 하지만 이 책에선 전자의 의미인 '수단으로서의 능력'을 살펴보려고 합니다.

일단 우리에겐 가진 능력으로 무엇을 이루고 싶은지가 가장 중요합니다. 저는 여러분이 출발하기 전 목적지를 먼저 떠올리는 습관을 가졌으면 합니다. 머릿속의 목적지에 어떻게 다다를지는 이제부터 서서히 말해보겠습니다.

능력에는 세 가지 특성이 있습니다. 통제성, 지속성, 목적성입니다. 영화엔 종종 초능력을 가진 지 불과 이틀밖에 안 된 주인공이 등장합니다. 이때 그들은 가진 초능력을 통제하는 '능력'을 가지고 있지 않아 마구 폭주하거나, 진짜 필요할 때 발현하지 못하곤 합니다. 능력을 가지고 있는 것과 자유자재로 사용 가능한 것은 다른 문제입니다. 위에서도 말했던 목적을 달성하기 위해선 필요할 때 알맞은 정도로 사용할 수 있어야 합니다. 새벽에 신의 계시를 받아야만 보고서를 쓸 수 있다면 아마 보고서를 기다리는 상사의 입장에선 꽤나 난감할 것같습니다. 차오르는 달빛을 보고 각성해서 초월적인 보고서를 쓰는 것이 천재 같아 보일 순 있겠지만, 함께 일하는 사람에게 그런 모습은 다소 피곤하겠죠.

같은 맥락으로 지속성도 중요합니다. 디자인 작업은 굉장히 독보적으로 잘하는데 3일 정도 일하고 나면 방전되는 사람이라면 같이 일하는 동료 입장에선 어떨까요? 일일 알바로는 훌륭할 수 있겠습니다. 하지만 능력은 목적이 달성되는 시점까지 꾸준히 지속될 수 있어야 합니다. 작업의 결과물도 만족스럽고, 통제 능력 또한 안정된 상태로 말입니다.

마지막은 목적성입니다. 뭘 위해 써야 하는지 모르는 사람에게는 아무리 좋은 능력이라도 사실상 쓸모가 없습니다. 칼질을 정말 잘하지만 요리를 하지 않는 것과 같습니다. 오이 한 포대를 10분 안에 뚝딱 썰어놓고 버리기만 반복한다면 빠르고 정확한 칼질이 무슨 소용일까요?

물론 이런 의견도 있겠습니다. '엉겁결에 주변 사람들의 피부가 촉촉해지지 않겠는가? 그것은 매우 가치가 있는 일 아닌가?' 맞는 말입니다. 피부가 부드러워지는 것은 중요한 일이죠. 하지만 그 칼질의 의도가 중요합니다. 능력을 통제할 수 있어야 하듯 그 목적도 자의성을 가지고 있어야 합니다. 우연에 의해 발생한 결과를 바라면서 살 순 없으니까요.

앞의 조건을 어느 정도 충족한 상태여야 비로소 능력이라 부를 수 있습니다. 능력은 아주 다양합니다. 같은 능력을 지녔어도 그 양과 색깔은 다를 수 있죠. 그러니 수많은 작가가 각자의 색깔로 작품을 만드는 것 아닐까요? 능력은 크게 세 종류로 쪼갤 수 있습니다.

▶ 반복과 숙련의 내공

꾸준한 반복과 숙달로 인해 누구보다 빠르고 완벽하게 일을 처리하는 경지에 오른 분들이 계십니다. 보지 않고 집어도 딱 A4용지 100장을 잡는다거나, 서류 구멍을 정확한 비율로 뚫어내거나, 사은품 봉투를 3초 만에 접어내는 달인인 경우입니다. 어떤 것을 꾸준히 하면 그 행동을 처리하는 원리나 구조를 두뇌가 기억하게 됩니다. 별도의 명령 절차 없이도 근육을 본능적으로 움직일 수 있게 만들죠. 암산이나 암기, 패턴의 학습, 포토샵 다루는 능력도 마찬가지입니다. 수도 없이 만지고 수정하느라 단축키를 누르다 보면 정말 엄청난 속도로 레이어 편집을 할 수 있습니다. 반복 숙달 능력에서 중요한 것은 통제력과 지속력입니다. 컨디션이나 환경과 상관없이 일관된 결과물을 뽑아낼 수 있다면 그것은 정말 하늘이 내린 인재로, 어떤 사장님이든 냉큼 뽑아놓고 싶을 것 같습니다.

▶ 깊이의 잠재력

깊이란 무언가 하나를 파고드는 전문가만이 가지는 영역입니다. 깊이 있는 능력엔 단순히 표면적인 이해를 넘어서는 훨씬 깊은 내용들과 노하우가 포함됩니다. 이것이 이를 알지 못하는 사람과의 격차를 만들어내죠. 최근엔 인터넷과 모바일 기술의 발전으로 정보의 평등화가 이루어졌다고 이야기합니다. 전문가의 시대는 저물고 있다고 말하죠. 하지만 정보를 잘 찾는 것과 '아는 것'은 별개의 문제입니다. 정보는 필요에 맞게 구성해야 의미가 있기 때문입니다.

또한 유의미한 정보를 적절한 시기에 찾아내는 것도 중요합니다. 맥락 없고 분류되어 있지 않은 정보는 혼란을 가중시킬 뿐이니까요. 전문가는 단순히 많이 아는 것을 넘어 알고 있는 각각의 정보를 연결하고 의미를 찾아내는 역할을 하는 사람입니다. 과거엔 놀림과 비하의 뉘앙스를 띠던 '덕후'라는 단어가 최근엔 한 분야를 파고드는 민간 전문가들을 일컫는 말로 격상된 걸 보면, 이러한 추세를 이해하기 쉬울 겁니다.

▶ 비범해지기 위한 확장

넓고 얕은 지식이 주목받던 시기가 있었습니다. 수많은 인문학 책이 '가볍고 빠르게 읽을 수 있는' 양식을 지향했습니다. 사람들은 개별적인 사건들을 다양한 시각과 관점에서 바라보거나, 장르를 뛰어넘어 상식을 넓혀가는 것에 쾌감을 느꼈습니다. 이는 나를 아주 똑똑하게 만들어주고, 다양한 분야에서 아는 척 할 수 있도록 만들어주기 때문입니다. 자존감을 높이는 데 직방이죠. 이러한 넓은 지식이 능력의 수준까지 되려면 단순히 알고 있는 것만으론 부족합니다. 그림 그리는 능력과 청소년 교육에 대한 지식이 있다고 모두 미술 선생님이 되진 못합니다. 각 능력이 합쳐져서 시너지를 내기 위해선 A와 B 모두 평균 이상의 활용 능력을 갖추어야 합니다. 어설픈 것 두 개를 합치면 그저 더 이상한 것 하나가 나올 뿐이죠. 만약 이러한 융합에 성공한다면, 남들이 보지 못하는 새로운 시각을 가지거나 기발하지만 납득이 가는 놀라운 창조가 가능해집니다. 어떻게 확산, 확장될지 끝을 알 수 없는 마법 같은 능력입니다.

가지고 있는 것을 진짜 능력으로서 인정받기 위해선 이러한 조건들이 필요합니다. 단순히 '할 수 있다'는 구호적인 의미의 능력과 앞서 설명한 능력은 다른 개념입니다. 앞에서 언급했듯 능력은 통제할 수 있어야 하고, 지속적으로 쓸 수 있어야 하며, 목적을 달성하는 데 활용할 수 있어야 합니다.

우리는 가지고 있는 능력이 반복, 깊이, 확장 중 어떤 속성에 해당하는지 생각해 봐야 합니다. 사람은 누구나 놀라운 힘을 지니고 있습니다. 그것은 단순한 재능일 수도 있고, 본인 스스로 자신 있는 부분일 수도 있죠. 하지만 이제부터 좀 더 현실적인 이야기를 할 예정이므로 능력에 대한 좀 냉철한 판단이 필요합니다. 써야 할 무기의 날이 잘 서 있는지 확인한 후 전쟁터로 나서는 게 싸우러 나가는 전사에게 당연한 이치일 테니까요.

인정할 수밖에 없을 때

■ **독보적일수록,**
■ **전문적일수록**

당신은 지금 제안서를 만들고 있습니다. 파워포인트를 켜고 열심히 작업 중입니다. 30장쯤 완성했을 무렵, 팀장님이 당신의 뒤로 스윽 다가옵니다. 팀장님의 그림자가 잠시 여러분 뒤에 머무릅니다. 등골이 서늘해지는 느낌이 들더니 아니나 다를까 팀장님의 들숨소리가 들립니다.

"쓰읍, 다 좋은데 말이야. 전체적으로 색감이 조금 칙칙한 것 같지 않아? 조금 화사한 느낌으로 가는 게 좋지 않겠어? 앞장 다시 한번 봐봐." 당신의 손가락이 미세하게 떨리기 시작합니다. 간담이 서늘해지고, 마른 침이 고개를 넘어 식도로 꼴딱 꼴딱 내려갑니다. 이내 두려움은 현실이 됩니다. "아, 이게 너무 우중충하네. 전체적인 색감을 좀 다시 만져보자."

업무에 대해 피드백을 하고, 좀 더 나은 방향을 제시하는 것은 당연한 일입니다. 회사는 혼자서 일하는 곳이 아니기에 방향과 분위기, 맥락을 정리하기 위해서라면 다양한 피드백이 발생할 수 있습니다. 다만 그 피드백은 객관적인 근거에서 나와야 하고, 중요한 내용이라면 사전에 합의가 되었어야 합니다. 일하는 도중에 갈아엎자는 말은 피드백이 아닙니다. 실무자 입장에서 그것은 그저 재난입니다. 업무 전체의 발전을 위한 지시보다, 개인적 취향의 반영이나 그저 '한마디 던지고 싶은 욕망'에서 비롯된 피드백은 팀원의 사기뿐 아니라 예상치 못한 쓰레기를 탄생시킵니다.

이것은 능력의 문제와는 별개입니다. 능력 좋은 사원이 파워포인트로 작품을 만들어내도 막강한 영향력을 지닌 한 개인의 타협 없는 취향 앞에선 무력해집니다. 억지로 트집을 잡으려 작정한 사람에겐 조너선 아이브Jonathan Ive(애플 전 수석 디자이너)의 디자인도 어딘가 좀 횅한 것으로 느껴질 수 있습니다. 우리는 이러한 무한 오지랖에서 자유로울 수 없는 것일까요?

각자의 능력은 모두 저마다의 가치가 있습니다. 현재 처한 상황이나 목적에 따라 그 가치는 상대적으로 달라지긴 하겠으나, 절대적으로는 한 사람의 노력과 시간이 담겨 있는 소중한 것들입니다. 슬픈 것은 이를 판단하는 주체가 종종 타인이라는 점입니다. 능력을 제대로 발휘해 보기도 전에 그 가치가 제 멋대로 평가당한다면 무척 억울하겠죠. 게다가 그 타인이 하필 당신의 승진이나 관계, 지위, 영향력, 역할 등을 결정지을 수 있는 사람이라면 문제는 더욱 심각해집니다.

타인이 당신의 능력을 아주 현명하고 객관적으로 판단해 업무 목적에 맞게 잘 배정해 준다면 문제될 것이 없습니다. 애초에 리더의 능력이란 것은 그런 게 아닐까요? 적재적소에 필요한 능력을 배치하고 운용하는 것도 리더십의 한 부분입니다. 문제는 주관과 기분에 따라 당신의 능력을 판단하는 경우입니다. 이때 대처하기 좋은 두 가지 방법을 알아봅시다.

▶ 최고의 방어는 최고의 공격이다

파워포인트를 다루든 엑셀을 다루든 능력의 가치는 동일합니다. 하지만 방어력에선 분명 차이가 납니다. 저마다 상대방이 쉽사리 훈수를 놓기 어려운 독보적인 능력이 있기 마련입니다. 개발 분야나 엑셀함수, 전문 틀, 회계 분석 등 전문 지식이 없다면 뭘 하고 있는지조차도 판단하기 어려운 일들이 있죠. 뭘 하고 있는지 모르니 선뜻 간섭하기도 어렵습니다. 괜히 잘못 말했다가 망신이나 당하지 않으면 다행입니다.

비개발자가 개발자의 JAVA언어를 열심히 뜯어본들 뭐가 뭔지 이해할 리 만무합니다. 물론 공격력이 강한 상사들은 그 것과 무관하게 그저 무리한 지시를 내리기도 합니다.

"그냥 여기서 이미지가 탁 날아오면 이 문구가 이미지 속으로 딱 들어가면서… 뭔지 알지? 그런 걸 만들어줘!" 하지만 개발자가 말합니다. "그건 불가능해요. 일단 무슨 말씀을 하시는지 제가 전혀 모르겠고, 대충 맞춰서 해드린다고 해도 그렇게 하려면 전체 코드를 다 바꿔야 되거든요. 그러면 주셨던 기한 내에 못 맞출 것 같은데요."

상사가 개발에 대한 지식이 충분하다면 이후의 대화가 길어질 수도 있겠지만, 아니라면 일단 시간은 벌어놓은 셈입니다. 적어도 내 주장을 정리할 만큼은 생긴 것이죠. 혹시 상사가 '만들라면 만들지, 말이 많아!'라는 생떼를 부릴 순 있습니다. 하지만 그것은 꽤나 모양새가 상하는 일이므로 그가 쉽게 할 수 있는 행동은 아닙니다. 체면이란 게 있으니까요.

그렇다고 상사는 어차피 모를 테니 대충하라거나 무조건

팅기라는 소리가 아닙니다. 그건 업무 태만이나 꼼수죠. 나만의 전문적이고 독보적인, 방어력 높은 능력을 지니는 것이 중요합니다. 상대방이 쉽사리 간섭하기 힘들거나 넘보기 어려운 수준의 것들이면 더욱 좋겠습니다.

▶ 빈틈없는 이론의 힘

또 하나의 방법은 객관적인 근거와 이론, 수치의 힘입니다. 이때 근거로 쓰일 자료들은 감당해야 할 위험에 관련된 내용일수록, 인용할 이론 이름이 정확할수록 좋습니다. 기왕이면 진지한 표정도 곁들이면 좋겠군요.

당신이 디자이너일 경우를 상상해 봅시다. 가독성을 위해 충분한 여백을 두고 단락을 구분했는데도 더 좁히라는 지시를 받았습니다. 그럴 땐 이렇게 말해줄 수 있겠습니다. "이 정도 여백을 중간에 주지 않으면, 각 단락이 하나의 덩어리인데 오타가 난 것처럼 보일 수 있어요. 아시다시피 게슈탈트 이론 중 근접성의 법칙 때문이죠. 개체를 분리된 것으로 인식하기 위해선 최소한의 간격이 필요합니다. 원하시는 대로 더 붙여도 상관은 없는데⋯ 그럼 소비자들의 가독성이 굉장히 떨어질 것 같습니다."

이번엔 마케터인 당신에게 상사가 '모든 고객에게 설문을 돌려 데이터를 수집해라!'라는 오더를 내렸다고 가정해 봅시다. 미리 회의 시간에 이야기하지도 않았고 해당 프로젝트에 적절하지도 않은 지시일 경우, 당신은 이렇게 반박할 수 있습니다. "아시다시피 불확정성 원리에 의하면 설문을 통해 고객에게 제품 특징을 면밀히 물어보는 것은 침입성이 매우 높은 행위입니다. 일단 댓글이나 구매평 등을 통해 침입성을 최소화하면서 관찰하는 것이 신뢰도 측면에서 좋을 것 같습니다."

두 번 읽어도 무슨 말인지 이해하기 어렵습니다. 모든 설명은 쉽고 직관적인 것이 좋습니다. 하지만 앞의 문장은 설명을 목적으로 한 말이 아니라, 사실 '괜한 시비'에 대처하는 법에 더 가깝습니다. 해당 이론을 언급하는 것은 그것이 절대적인 원리라서가 아니라 시비를 걸어오는 당사자보다 더 높은 권위의 정보를 통해 시비를 무력화시키는 데에 목적이 있습니다. 여기에 상대의 기분을 상하지 않게끔 '아시다시피'를 첨가해 주는 배려를 잊지 말아야 하겠습니다. 이처럼 제대로 된 근거를 통한 논지 전개는 상당한 방어력을 자랑합니다. 만약 이러한 논지를 깨고 상대가 반박을 하며 들어온다면 그건 괜한 시비가 아닙니다. 이제부턴 유익한 토론이 시작될 차례죠.

물론 실무자가 일하기도 바쁜 와중에 이런 이론이나 지식을 공부하고 외우고 있을 시간이 충분치 않다는 것을 잘 알고 있습니다. 하지만 능력은 드러내는 것뿐만 아니라 주변의 정보와 융합할 수 있는 유연함 그리고 간섭으로부터 흔들리지 않을 방어력까지 갖춰야 합니다. 상대방이 아무 말을 하고 있는데, 내가 할 수 있는 게 불평불만뿐이라면 좀 서럽지 않을까요? 당신의 능력은 소중하므로 조금 더 관련 지식과 이론을 파고드는 게 좋을 듯합니다.

정리해 보겠습니다. 타인이 간섭하기 어려운 전문적이고 고급인 기술을 지니고 있을수록, 또는 간섭을 방어할 만큼의 권위 있는 정보를 많이 가지고 있을수록 당신의 방어력은 강해집니다. 우리는 지닌 능력을 잘 팔아야 합니다. 팔릴 정도의 가치를 지니고 있으려면 능력의 퀄리티가 잘 유지되어야 할 것입니다. 타인에 의해 능력이 제한되거나 곡해되는 것은 좋은 일이 아닙니다. 충돌과 갈등이 관계에 좋은 영향을 미치진 않습니다. 다만 유사 시 내 입장을 강하게 주장할 수 있을 정도의 실력과 지식을 겸비하는 것은 일하는 사람으로서 당연히 해야 할 일이겠죠.

할 수 있는 일을 할 수 있는 시간

■ **나의 평균값을**
■ **제시하라**

상품을 판매하는 사람은 상품에 대한 질문을 받곤 합니다. '이건 건조 기능이 있나요? A/S는 몇 년까지 되나요? 들어가는 칩셋은 어떤 종류인가요? 사이즈는 어디까지 나와요? 발목을 잡아주는 기능이 있나요?' 등등.

물건을 사다가 궁금해서 점원에게 물어본 경험이 있을 겁니다. 점원이 시원스럽게 대답해 주길 기대하면서 말이죠. 그 때 질문과 동시에 점원의 동공이 흔들리며 말문이 막히는 것을 본다면 어떤 느낌이 들까요. 점원이 떨리는 목소리로 말합니다. "어… 음… 그건 일단… 잠시만요!(누군가에게 물어보지만 보아하니 다른 사람도 모르는 것 같음) 아, 아마 없는 것 같아요."

　도통 정체를 알 수 없는 물건을 사는 것은 어렵습니다. 실제론 엄청난 기능이 있을 수도 있겠지만 우리의 신뢰는 제품 자체가 아니라 이를 설명하는 사람을 통해 형성되기도 합니다. 소개팅을 할 때도 우린 당최 믿을 수 없는 프로필 사진과 주선자의 말을 통해 상대방에 대한 대략적인 이미지를 그립니다. 제품을 살 때 스펙과 더불어 후기를 찾아보는 것도 비슷한 맥락이죠.

　능력도 마찬가지입니다. 우리에게 능력은 곧 팔아야 하는 상품이죠. 잘 어필해서 상대가 나를 뽑거나 활용하게끔 만들어야 합니다. 그 능력을 활용한 만큼에 합당한 돈을 받아야 하고요. 이때 능력을 사는 사람 입장에선 당신의 이모저모가 궁금할 것입니다. 그러니 직접적으로 확답을 주진 못하더라도, 적극적으로 여러분의 영향력을 느끼도록 만들어야 하죠.

▶ 당신의 빨리빨리는 얼마나 빠른지

　업무 능력을 어필하는 방법은 굉장히 다양하지만, 가장 가시적이고 주변 사람도 끄덕이게 만들 수 있는 요소는 '시간'

입니다. 왜 하필 시간일까요? 예를 들어보겠습니다. 업무는 굉장히 복합적입니다. 수많은 사람의 다양한 행위가 얽혀 있죠. 이 때문에 한 사람에게서 업무가 막히면 모두가 열받는 상황이 발생하기도 합니다. 능력을 어필하기 위해선 당신을 중심으로 어떤 이야기들이 오고가는지, 즉 형성된 '여론'이 어떠한지가 매우 중요합니다.

그러니 우선 '저 사람은 진짜 일 잘해'라는 이미지를 형성해 봅시다. '무엇을 어떻게' 잘하는지 부가적인 정보들은 추후의 문제입니다. 업무에 있어 시간 관리가 잘된다는 것은 여러 사람을 편안하게 만듭니다. 단순히 나의 업무가 효율적으로 바뀌는 것을 넘어서 내 자료를 받아야 하는 사람, 시안을 취합해야 하는 팀장님, 데드라인이 시급한 클라이언트 등 업무가 얽혀 있는 동료들에게 '시간을 잘 지키는 사람' 이라는 이미지를 전달할 수 있죠. 당신을 둘러싸고 안정과 신뢰의 여론이 형성되는 것입니다.

시간은 곧 신뢰와 효율의 상징과도 같습니다. 시간을 컨트롤할 때는 세 가지를 생각해 봐야 합니다.

▶ 얼마만큼을 얼마 동안? : 업무당 소요 시간 체크하기

모든 일을 다 수치화할 순 없습니다만, 사람들이 측정하기 어려워하는 몇 가지 일들의 소요 시간 기준을 잡고 있으면 아주 돋보일 수 있습니다.

흔히 디자인은 '그분'이 오셔야 완성이 된다거나, 기획안은 번뜩이는 아이디어가 떠올라야 한다거나, 특별히 글이 잘 써지는 날이 있다거나⋯ 가끔 이게 회사인지 토속신앙 공동체인지 알 수 없는 경우가 있습니다. 우리에겐 경험을 통해 얻어지는 평균치라는 것이 있습니다. 이를 잘 살펴야 합니다.

기획안 하나 완성하는 데 몇 시간 정도 걸리는지, 다섯 개 업체에 전화 돌려서 견적서 문의하는 데 얼마나 소요되는지, 엑셀로 비교 견적 시트 만드는 데는 얼마면 충분한지, 1차 시안 만드는 데 며칠이 걸리는지, PPT 20장 기준으로 제안서는 얼마만큼의 기간이 적당한지 등 대략적이지만 평균적으로 하나의 업무를 완성하는 데 걸리는 소요 시간을 파악하고 있으면 매우 좋습니다. 이를 파악하는 일은 남들에게 말하려는 게 목적이 아닙니다. 만약 기획안 하나 쓰는 데 한 시간이면 되는 여유만만 일잘러라고 해도 굳이 그 사실을 동네방네 알릴 필요는 없습니다. 그저 내가 파악하고 있으면 됩니다. 그리고 이렇게 말하는 겁니다.

"아, 제가 오전 열 시까지 기획안 드릴게요." 이렇게 말했다면 정말 10분 전에 기획안을 전달하면 됩니다. (너무 일찍 줄 필요는 없습니다.) 이로써 파일에서 장미칼의 기운이 느껴지는 날카로운 시간 장인의 이미지가 쌓여가는 것이죠. 상대방에게 언제 작업물을 전달해 줄 수 있는지 명확하게 말할 수 있는 게 중요합니다. 물론 이렇게 단위 시간을 파악하고 있으면 하루에 내가 달성할 수 있는 목표량도 현실적으로 구축할 수 있습니다. 그러려면 내가 이 일을 언제 끝낼 수 있을지 파악해야겠죠.

▶ 가능하세요? : 남의 시간 활용하기

매우 어려운 일입니다. 가뜩이나 게으른 인쇄소 부장님에게 당장 견적서를 받아내는 것은 쉬운 일이 아닙니다. 하지만 업무에서 시간 문제는 오늘 당장 견적서를 받아낸다고 해결되지는 않습니다. 우리에게 중요한 것은 '그러니까 언제까지 준대?'라는 질문에 대한 대답입니다.

"오늘 조명 업체 견적 취합한 건 언제까지 줄 수 있어?"
"어, 그거 아직 견적이 안 온 곳이 많아서…"

이거 아닙니다.

"오늘 조명 업체 견적 취합한 건 언제까지 줄 수 있어?"

"다섯 군데 알아봤는데 세 군데는 이미 받았고, 두 군데는 오늘 오후 세 시까지 요청해 놨습니다. 취합해서 오후 네 시까지 드릴 수 있어요."

이렇게 대답해야 합니다. 이렇게 대답할 수 있으려면 요청하는 사람 입장에서도 시간을 확실하게 말해줘야 합니다.

"대리님, 지금 견적 비교 작업 진행 중인데 빨리 주셔야 선정해 드릴 수 있어요. 지금 눈여겨보는 업체가 있는데 견적 늦게 주시면 이번엔 떨어질 수도 있을 것 같거든요(슬픈 목소리로). 그래서 제가 다른 곳보다 조금 일찍 받아서 미리 보고 드릴까 하는데 오후 세 시까지 혹시 가능하세요? 확실하게 이야기해 주셔야 해요."

앞의 대답처럼 기분 좋은 압박도 살살 넣어가면서 언제까지 줘야 하는지 콕 집어 말해줍니다. 혹시 오후 세 시가 되어도 연락이 안 온다면 업체와 팀장님 모두에게 다시 보고해야

038   능력 팔아 기회 얻기

합니다. 업체에겐 언제까지 줄 수 있는지 다시 한번 확답을 받아야 하고, 팀장님에겐 그 시간을 기점으로 여유 있게 몇 시간 더해서 보고합니다. 결정하는 사람 입장에선 전체 그림을 봐야 하기 때문에 뭐든 최대한 빨리 진행하는 것이 좋지만, 그게 아니라면 적어도 언제 무엇이 진행되는지 알고 싶어 합니다. 원래 판매란 상대방의 욕망을 사는 것 아니겠습니까.

▶ 어떤 일이 먼저죠? : 우선순위 관리하기

시간을 지배하려면 시간의 속성도 잘 알고 있어야 합니다. 앞에서 업무당 소요 시간을 체크하라고 이야기했습니다. 그다음엔 단위 업무가 여러 개 모여 있을 때 발생하는 상호관계를 생각해 보아야 합니다.

(1) 견적서 요청하기

(2) 마케팅 기획안 작성하기

(3) 어제 보낸 강의 의뢰서 회신 확인 및 답변

(4) 광고 집행 / 이전 집행 결과 보고서 쓰기

위와 같이 처리해야 할 일 네 가지가 있다고 상상해 보겠습니다. 우선순위의 기준은 '빨리 끝낼 수 있는 것부터'입니다. 흔히 중요한 것부터라고 생각할 수 있겠지만, 중요한 것이 (2) 번이라 했을 때 나머지 (1), (3), (4)번은 한도 끝도 없이 밀리게 될 겁니다. 팀장님이 묻겠죠.

"그 견적서는 언제 준대?"
"아, 아직 연락 못 해봤습니다."
"강의 의뢰서는 답변 보냈어?"
"아, 아니요. 이거 끝내고 하려고요."
"페이스북 광고 집행 건이랑 결과 보고서는?"
"그것도 아직…"

이런 대화가 오고가게 될 것입니다. 물론 당신은 2번을 하느라 영혼을 갈아 넣고 있었겠죠. 하지만 이미지란 것은 몇 번의 질문과 대답에서 형성되며, 한 번 생긴 이미지는 쉽게 바뀌지 않는 데다 바꿀 기회가 있을지조차도 알 수 없습니다. 팀장님의 질문은 당신의 이미지를 좋은 쪽으로 형성할 수 있는 기회라는 것을 잊지 마세요. 그동안 착실히 일해왔다면 지금이 바로 그것을 뽐낼 시간입니다. 기획안이 제일 시급하다고 비상사태가 걸리지 않은 이상 1번을 먼저 끝내고, 3번을 끝낸 다음 4번을 폭풍 작성합니다.

1번을 먼저 끝내는 건 요청과 수령까지의 시간이 꽤 소요
되기 때문입니다. 4번 업무를 끝내놓으면 견적서가 메일로 와
있을 것 같습니다. 3번은 빨리 회신을 보내야 상대방으로부터
답신을 받을 수 있습니다. 팀장님에게 보고할 땐 '아까 회신했
어요'가 아니라 '이렇게 답신이 왔습니다'가 되어야 더 좋은
이미지를 심어줄 수 있죠. 그다음 데이터를 기반으로 작성하
는 4번이 2번보다 빠르게 완성될 가능성이 큽니다. 일단 '완성
된' 자잘한 업무들을 만들어놓고 크고 무거운 업무를 조금씩
쳐내는 것이 좋습니다.

회사든 사업이든 일이란 것은 앞뒤 사정 봐주지 않고 쏟
아져 들어오기 마련입니다. 작은 일들이 밀리기 시작하면 얼
마 지나지 않아 판타스틱한 공포체험을 할 수 있습니다. 그리
고 늘 그런 작은 일들에서 사고가 난다는 것을 잘 기억해야 합
니다.

무심코 쌓아둔
흑역사의 힘

■ 흔적이
■ 무기가 될 때

이번 순서는 흑역사를 두 눈 뜨고 차마 볼 수 없었거나, 어제의 내가 너무 창피해 삭제하길 좋아하는 분들을 위한 곳입니다. 지금이라도 제발 과거의 기록들은 잘 모아놓고, 시간 날 때 잘 정리해 놓기를 바랍니다.

저는 종종 기타를 칩니다. 주로 밤에 뚱땅거리기 일쑤입니다. 조금 빠르거나 어려운 음계들은 손가락을 찢어야 할 때도 있습니다. 생각보다 손가락이 두뇌가 시킨 대로 잘 움직여주지 않습니다. 검지, 중지, 약지를 빠르게 움직여서 한 음계씩

잡아야 한다는 것은 알지만, 재빠르고 정확하게 운지하기 위해선 꽤나 많은 연습이 필요합니다. 손가락 끝이 발갛게 부어오를 정도로 연습할 땐 오히려 마음처럼 연주가 잘 안 됩니다. 시간이 지날수록 손가락은 아파오고, 힘이 빠져 치기가 점점 어려워지죠.

흥미로운 점은 자고 일어난 다음날 어제 연습했던 것을 다시 해보면 꽤나 수월하게 손가락이 움직인다는 것입니다. 가끔은 저도 깜짝 놀랄 정도죠. 쉬는 동안 근육들이 어제의 행동들을 기억해 입력시키고 움직임에 필요한 유연성과 힘을 만들어준 결과입니다.

능력은 연습하는 동안엔 그 실체를 쉬이 드러내지 않습니다. 신체적 능력도 그러하죠. 오늘 스쿼트 백 개를 했다고 해서 다음날 갑작스레 살이 빠지는 것이 아닙니다. 오히려 계단을 오를 수 없는 고통의 신세계를 체험하게 되죠. 두뇌의 기억 강화 과정에는 장기강화LTP, Long-termpotentiation라는 개념이 있습니다. 두 신경세포를 꾸준히 자극해 주면, 서로간의 신호 전달이 장기적으로 더욱 강화됩니다. 빨라지고 효율적으로 변하죠. 그리고 쉽게 잊어버리지 않게 됩니다. 반복의 힘은 지루하지만 위대합니다.

대부분 우리가 지닌 능력은 자의적이든 타의적이든 어떠한 반복의 산물입니다. 나도 모르게 힘들 때 글을 썼다거나 심심할 때 계속 끄적이며 낙서했던 경험, 또는 재미있어서 계속 책을 읽었거나 말을 많이 해야 하는 직업이라 온종일 사람을 상대했던 행위 등이죠.

이러한 반복을 통해 길러진 능력은 비대칭적인 경우가 많습니다. 글 쓰는 능력만 예로 들어도 빨리 쓰는 능력, 길게 쓰는 능력, 감성적인 문구를 지어내는 능력, 논리를 구축하는 능력, 문장을 압축하는 능력 등 다양한 부분으로 쪼개질 수 있습니다. 대부분은 이들 중 한 부분이 특히 강화되어 있습니다.

그러니 '나는 글을 잘 쓴다!'라고 막연하게 규정해 놓으면 추후 이런 비대칭을 발견하고 당황할 수 있습니다. '나는 글을 잘 쓴다고 생각했는데, 그게 아니었나 봐…'라고 주눅들어 버리는 것이죠. 글을 못 쓰는 게 아니라, 길게 쓰는 걸 잘하는 것입니다. 카피 쓰기처럼 짧은 글에 메시지를 담는 능력이 아직 미숙할 뿐이죠.

우린 대부분 능력이 만들어지는 과정들을 잘 인지하지 못합니다. 어쩌다 보니 생긴 능력이라고 생각하곤 합니다. 능력에 '어쩌다가'는 없습니다. 자신의 능력을 잘 이해하고 어필하기 위해선 먼저 그 기원과 발전되는 과정을 인지하고 있어야 합니다. 가장 좋은 방법은 기록해 놓는 것입니다.

기록은 적당한 시간이 지난 후 자신의 능력이 어떤 식으로 발달해 왔는지 판단할 수 있는 지표가 됩니다. 더불어 누군가에게 내 능력의 당위성을 부여할 수 있는 좋은 포트폴리오가 되기도 하죠.

저는 인정 욕구가 굉장히 강한 데다, 완성품만을 남기고 싶어 하는 결벽 같은 것이 있었던 터라 맘에 들지 않는 지난 기록들을 모조리 지워버리곤 했습니다. 블로그 글도 날려버리고, 조회수가 저조한 브런치 글들도 가감 없이 지워버렸죠. 그림도 죄다 버리고, 읽은 책들도 그저 기억 속에만 남아 있습니다. 짧은 서평이라도 써놨어야 했는데 말입니다. 과거의 기록들이 하나도 없으니 굉장히 난감하더군요.

'혹시 운영해 온 페이지 같은 게 있으세요?', '지금까지 쓴 글들이 있으면 보여주세요.', '어떤 일을 해오셨는지 참고할 만한 자료가 있을까요?' 등과 같은 질문을 받았을 때 대답할 수가 없었습니다. '있긴 한데, 제 기억 속에 존재하고 있습니다'라고 말할 수는 없는 노릇이니까요. 따라서 나의 지난 과정들을 보기 좋게 축적하는 세 가지 방법을 공유해 보려고 합니다.

▶ 저장 공간에 차곡차곡 쌓아두자

지난 과거를 깨끗하게 날리는 좋은 방법은 외장하드에만 파일을 저장해 놓고 잃어버리는 것입니다. 지난 몇 년간의 작업 파일을 한 순간에 지워버릴 수 있는 마법 같은 것이죠. 과거를 기억하고 싶다면 클라우드 서비스 이용을 강력하게 추천합니다.

▶ 쉬운 포맷으로 복사-붙여넣기

블로그 글들은 계정을 지우거나 글을 삭제해 버리면 그것으로 끝입니다. 물론 개인적인 이유로 쓰던 계정을 지울 수도 있습니다. 하지만 글 자체가 사라지는 것은 매우 아까운 일이죠. 글은 따로 복사-붙여넣기 해서 에버노트Evernote나 구글 독스Google Docs 등에 차곡차곡 모아놓길 권장합니다. 링크는 사라질지언정 콘텐츠 자체는 살려놔야 합니다. 지금은 이불킥을 하고 싶은 글들이겠지만 2, 3년 뒤에 보면 흥미진진하고 재미있는 참고 자료가 됩니다.

▶ 기준 잡아 정리하고 작명해 주기

저장은 했는데 정작 그게 어디 있는지 찾지 못해서 사라져 가는 콘텐츠들도 있습니다. 작정하고 정리하려고 하면 며칠, 몇 개월이 걸릴지 알 수 없습니다. 특히 디자인 포트폴리오는 한꺼번에 정리하기가 굉장히 어렵습니다. 이미지, 기획안, 자료, 시안 파일 등… 여기저기 흩어진 자료들을 골라낸다는 건 만만찮은 작업이죠.

시간이 날 때마다 시간 순으로 정렬해 놓으면 좋습니다. 또한 통일된 파일명을 정한 뒤 가지고 있는 포트폴리오들을 정리하셔야 합니다. 저장할 땐 영원히 기억할 것 같지만, 한 달만 지나도 이게 무슨 글인지 일일이 열어보지 않으면 모를 만큼 까마득해집니다. 제목에 대략적인 소재와 내용 정도는 적어줘야 추후 미리보기만으로도 어떤 콘텐츠인지 대략 파악할 수 있습니다.

능력은 짝이 맞는 맥락이 있을 때 더욱 빛을 발합니다. 당신의 능력이 정말 모두의 인정을 받을 때쯤, 과거의 부족하고 미숙했던 결과물들이 노력과 시간, 수많은 고민과 눈물을 말없이 증명해 줄 것입니다.

할 줄 안다는
말의 무게

■ 끝까지 해내야
■ 비로소 끝이 난다

청소기를 샀는데 흡입력은 참 좋습니다. 근데 청소를 다 끝내기도 전에 자꾸 꺼지고 맙니다. 이 녀석을 청소기라고 불러도 괜찮은 것인지 잘 모르겠습니다. 능력 또한 마찬가지입니다. 'ㅇㅇ하는 능력'이라고 이름 붙이려면 ㅇㅇ을 시작하고 마지막까지 끝낼 수 있어야 합니다.

다음과 같은 이야기를 종종 듣습니다. '저 친구는 일을 시작하고 벌이는 건 잘하는데 마무리를 잘 못 지어.' 일부 사람들이 지닌 특징 같아 보이지만 유념해서 들어보면 놀랍게도 대다수의 사람들이 비슷한 말을 한다는 걸 알 수 있습니다.

　엄밀히 말해 일을 시작하고 벌이는 건 능력이 아닙니다. 종종 일을 벌이는 걸 '기획 능력'이라고 말하는 사람들이 있습니다. 이는 잘못된 말입니다. 그건 기획이 아니라 그냥 생각나는 말들을 던지는 것이죠. 기획은 시작부터 마무리까지의 과정을 감당하는 것을 의미합니다.

　우리는 상대의 시간과 노력을 줄여주거나, 새로운 것을 창조하거나, 좀 더 나은 상태로 변화시켜주는 능력을 가지고자 노력하고 있습니다. 어떤 일이든 일단 시작하고 나면 풀어 헤쳐지기 마련입니다. 청소만 봐도 그렇죠. 일단 가구를 끄집어내고 잡동사니를 모두 꺼내 쌓아놓는 등 펼쳐놓고 어지르는 과정을 거칩니다. 이 때문에 무언가를 시작한 상태에서 손을 놔버리면 오히려 얻고자 했던 것의 반대 상황이 나타나죠. 상대의 시간과 노력을 가져와 수습해야 하고, 따라서 상대는 과도한 일을 떠안게 됩니다. 지저분한 것들을 창조해 내고, 아주 혼란한 상태로 만들어놓고 손을 뗀 채 떠나버립니다. 글쎄요. 누군가를 물 먹이기에는 좋은 능력 같기도 합니다. 하지만 그럴 의도가 아니라면 다음과 같은 '마무리 원칙'을 잘 생각해 볼 필요가 있습니다.

▶ 할 줄 아는 게 확실한가

"저 물류창고 쪽에서 일해봤어요. 포장이랑 배송 다 할 줄 압니다." 이 말은 테이프 잘 붙이고 박스 잘 쌓고, 까대기(유통 업계에서 물건을 옮기고 분류하는 일을 칭하는 은어) 좀 해봤다는 수준의 능력을 의미하지 않습니다. 거기서 일어나는 모든 일을 조율할 수 있다는 뜻이어야 하죠. 내가 경험해 보지 못한 종류의 사건이 터져도 해결할 수 있어야 합니다. 배송 업체 선정과 일정, 금액 조율, 계약서 작성, 배송보험 가입, 포장 아르바이트 구인 및 관리, 인건비 정산 등… 소소하게 발생하는 문제들을 다룰 수 있어야 하죠. '할 줄 안다'는 말은 '내 선에서 마무리 지을 수 있다'는 뜻입니다.

▶ 나무에 집착하다가 숲을 놓친 건 아닌가

일은 혼자 하는 것이 아닙니다. 내가 마무리한 일은 반드시 다른 누군가가 전달받기 마련입니다. 누군가의 결과를 이어받아 다음 단계를 시작하려고 봤는데, 자료가 고대문자 같다면 난감할 것입니다. 작성자만 이해할 수 있거나, 매뉴얼에서 벗어난 마이웨이 업무 방식이라면 좋은 소리가 나오긴 힘들겠죠. 앞서 말했듯 능력은 여론의 힘이 중요합니다. 공동의 목표에 맞게 진행되고 있는지, 나 다음으로 일할 사람은 누구인지, 내 일의 목적은 무엇인지 등 전체적인 맥락을 이해하고 마무리를 지어야 우주로 가지 않습니다. 구심점은 명확하게, 시선은 멀리 둡시다.

▶ 끝나는 순간까지 마무리했는가

몇 시간 내내 청소를 열심히 해놓고 나서는 에어컨도 안 끄고 불도 다 켜놓은 채 나왔다면 칭찬받기도 전에 등짝 스매시가 날아올 겁니다. 무언갈 끝냈으면 끝냈다는 티를 내야 합니다.

보고서를 끝냈다면 파일이름도 '20190807_마케팅관련회의2차보고서_박창선.ppt'로 깔끔하게 정리해 놓습니다. 가위질, 풀칠을 했다면 쓰레기 정리하고 가위와 풀은 제자리에 가져다 둡니다(아니, 세상에 이런 걸 말해야 하나 싶지만 저도 가끔 놓칠 때가 있습니다. 고생했다는 말보다 왜 뒷정리를 안 했냐는 핀잔부터 나오면 아주 억울하겠죠.). 창고에서 물건 정리를 했다면 빈 박스 정리해서 분리수거함에 버리고 불 끄고 문 잠근 뒤 나오는 겁니다.

디자인을 마무리할 땐 두 번 다시 수정 안 할 것처럼 폰트도 죄다 깨버리고 모조리 레스터화해 놓아선 안 됩니다. 레이어를 모두 살려놓은 원본파일은 따로 놔두고, 정리된 압축파일을 전달합니다. 이때 상대방이 내 디자인 파일을 열어야 하는 상황이라면 레이어 이름도 대강은 정리해 주는 것이 좋습니다. 모든 레이어에 마냥 숫자만 매겨 보낸다면 당신의 귀가 꽤나 간지러울 수 있습니다.

人

둘을 섞으면
각각의 합보다 크다

- 합산보다
- 나은 융합

2015년 개정된 교육과정에서는 창의융합형 인재를 기르는 것을 목적으로 한다고 확정, 고시하고 있습니다. 흔히 여기서 말하는 창의융합형 인재란 문제 해결력을 지니고 있고, 활용 가능한 지식을 겸비한 사람을 말합니다.

이때 나온 개념이 **STEAM**교육(과학Science, 기술Technology, 공학Engineering, 예술Arts, 수학Mathematics), 또는 4차 산업혁명 시대에 알맞는 기술 중심(**IoT**, **VR/AR**, **AI**, 블록체인, 개발형 인재) 교육이었답니다. 주요 골자는 문과와 이과의 통합 교육이었고 덕분에 학생들이 공부해야 하는 건 산더미가 되었죠. 그리고 창의력을 요구하는 문제를 오지선다형으로 출제하는 신개념 문제 유형도 발견할 수 있었습니다.

아마 이 교육과정은 아이폰 혁명 이후에 전 세계적으로 인문학적 소양을 지닌(또는 지닌 것처럼 보이는) 놀라운 기업(애플이나 애플 또는 애플과 애플 등…)의 레퍼런스가 널리널리 퍼지면서 산업을 좌지우지하기 시작하고, 이에 대한 여론의 성원에 힘입어 부랴부랴 만들어진 것으로 보입니다.

조금 아쉽게도 청소년들에게 코딩을 가르치고, 외부 강사를 불러 VR 교육과 로봇 교육 두 시간이 추가된 것 이외에 딱히 창의융합형 교육이라 부를 만한 게 있는지 갸웃하게 만드는 지점들이 있었습니다. 나라의 교육 정책과 더불어, 기업에서도 원하는 인재상으로 내세우는 '융합'이란 대체 무엇일까요.

▶ 잡아먹히거나 아예 새롭거나

융합을 뜻하는 Convergence는 함께Together의 의미인 con- 과 돌다Turn의 의미인 verge가 결합된 단어입니다. 한 점으로 모인다는 수렴의 의미를 지니고 있죠. 우리가 A와 B의 재능을 지니고 있다면 우린 두 가지의 형태를 생각해 볼 수 있습니다. A와 B가 서로 다른 쪽으로 편입되는 융합과 A와 B가 합쳐져 전혀 새로운 C가 등장하는 융합이죠.

아마도 교육과정에선 전자를 생각했던 모양입니다. 이는 문과생/이과생의 구분은 그대로 둔 채, '코딩하는 인문학자' 또는 '철학을 공부하는 개발자' 등 한쪽이 수식이 되고, 한쪽은 중심이 되는 개념입니다.

개정 방안을 상세히 보면 '문과 학생들도 과학적 소양을 함양하고, 이과 학생들도 인문 소양을 갖출 수 있도록 교육과정을 구성하려는 것', '문·이과 통합 교육과정에서는 사회, 과학 교과에 공통 과목을 개설하고, 수능에 반영하는 방안을 적극 검토 중'이라고 게시되어 있습니다. 두루두루 공부해 놓으라는 얘기입니다. A하는 사람이 B도 알고 있으면 융합형 인재가 되는 것이죠.

후자의 융합은 화학적인 의미의 융합과 비슷합니다. 두 개의 원소가 합쳐져 하나의 분자를 만드는 과정이랄까요. 산소원자 두 개가 합쳐지면 산소 분자가 됩니다. 대기 중에 안정적으로 존재하려면 분자 형태가 되어야 하죠. 그래야 숨을 쉬며 체내에 들어가도 그 형태가 유지될 수 있습니다. 수소 두 개와 산소 원자 하나가 합쳐져 물 H_2O을 만드는 것과 같은 이치입니다. 이처럼 두 개 이상이 합쳐져서 '활용 가능한 상태'로 전환되는 것이 융합의 핵심입니다.

팔 수 있는 능력은 즉각적이어야 하고, 가시적이어야 합니다. 원자 형태로는 상대에게 어필하기 조금 어려울 수도 있습니다. 전자의 융합처럼 단순히 '알고민 있는 상태'에시 한발 디 나아가 활용 가능한 상태로 능력을 깨워야 하죠.

▶ 시너지를 만드는 노력 에너지

당신이 디자인을 할 줄 알고, 과학에 대한 지식도 충분하다면 이를 합쳐 '과학적 디자인 방법론'을 만들 수도 있습니다. 그 방법은 현장에 접목시켰을 때 실제로 활용할 수 있어야 하고, 그 성과가 상대방이 가치를 지급할 만큼 검증되어야 하죠. 나중엔 이를 교육과정으로 발전시켜 판매 가능한 콘텐츠로 성장시킬 수도 있습니다.

다른 예로 당신이 경제를 공부했고, 청소년과 소통하는 데에 능숙하다면 청소년을 위한 경제 교육 프로그램이나 용돈 관리 어플을 개발할 수도 있을 것입니다. 이것 또한 시장의 수요가 있어야 하고, 실제로 강의를 해보거나 서비스를 만들어서 많은 환호성을 이끌어내야 능력으로서 인정받을 수 있습니다.

아는 것에서 활용 가능한 것으로 넘어가는 데에는 실무적인 과정들이 포함됩니다. 정제 과정이 필요한 법이죠. 보통 핵분열보다 핵융합에 더 많은 에너지가 필요하듯, 무언가를 합치는 일에는 강렬하고 빡센 노력과 시간이 요구됩니다. 더불어 각각의 능력을 자유자재로 활용할 수 있다는 전제가 뒤따라야 합니다.

이 때문에 두 개 이상의 능력을 합칠 때는 내가 합치려는 두 능력에 대한 냉정한 자기평가가 필요합니다. 능력을 완벽하게 수치화하긴 어렵습니다. 평균 이상/이하를 딱 가르긴 힘들죠. 다만 가장 단적인 증거로 '상대방이 내 각각의 재능에 모두 돈을 낼 의사가 있는가'를 살펴보시면 좋겠습니다. 당신이 디자인을 할 줄 안다면, 작업 의뢰를 받고 결과물에 대한 충분한 대가를 요구할 수 있어야 합니다. 그리고 그 비용이 생활을 책임질 수 있는 수준은 되어야 하죠. 자동차 정비를 한다면 어디에 가도 정비사로 인정받을 수 있을 만큼의 실력이어야 합니다. 월급을 받고 정비사로 일하는 데 무리가 없어야 합니다. 이 정도는 되어야 디자인과 자동차 정비를 융합할 자질을 가진 것입니다.

단순히 낮엔 정비하고 밤엔 디자인하는 게 융합이 아닙니다. 그것은 그냥 투잡일 뿐이죠. 우리는 두 능력을 합쳐 자동차의 엔진 분해도를 입체화시키거나, 알기 쉽게 매뉴얼로 만들어 고객들에게 전달할 수 있어야 합니다. 또는 엔진의 메커니즘을 디자인 공정에 적용시켜 새로운 업무 프로세스를 만들어낼 수도 있습니다.

▶ 융합은 가끔 혁신이 된다

이 과정에서 한쪽이 턱없이 모자라면 나머지 한 능력마저도 평가절하받는 슬픔을 겪을 수 있습니다. 보통 융합은 더 나은, 또는 새로운 것들을 지향합니다. 소비자, 특히 당신의 능력을 구매하려는 구매자들은 이러한 것들에 대해 의심의 눈초리를 보낼 것입니다. '하나라도 제대로 했으면 좋겠는데…'라는 탐탁잖음을 지니게 되죠. 그래서 새로운 것을 보여줄 땐 제대로 만들어야 합니다. 단순히 결과물의 기능성뿐 아니라 상대방의 의심과 기대까지도 충족시켜야 하니까요. 게다가 여차하면 양쪽 모두에게 공격받을 수 있습니다. 잘못된 정보나 어설픈 모양새를 지녀서는 좋은 반응을 기대하기 어렵습니다.

"쟤는 기획도 잘하고 디자인도 잘해"라는 평가가 아니라 "쟤는 디자이너처럼 기획을 해"라는 말을 들어야 합니다. 상대방이 흔히 알고 있는 고정관념을 깨뜨려줄 만큼 강력해야 하죠. 그리고 그 능력을 판매하기 위해선 두 개가 합쳐진 융합 상태에서 상징하는 것을 소비자가 쉽게 찾을 수 있어야 합니다.

'마치 카페 메뉴판처럼 정비 매뉴얼을 만들었더라니까? 겁나 트렌디해', '소설처럼 철학 이야기를 풀어놨네, 완전 꿀잼!', '아이돌 신곡처럼 공약송을 만들어주던데? 퀄리티 미쳤어'와 같이 ○○처럼 ○○한다는 손쉽게 떠올릴 만한 비유가 있어야 사람들의 대화에 오르내리기도, 고유한 특성을 잡기에도 편합니다. 더불어 작업 퀄리티에 대한 칭찬까지 덧붙여진다면 굉장히 훌륭하겠죠. 자신의 능력을 합쳐 새로운 것을 만들 때 위와 같은 문장을 먼저 떠올려 보면 좋겠습니다. 사람들의 입에서 내가 생각한 멘트들이 들려온다면 나름 초기 브랜딩은 성공이라고 볼 수 있겠습니다.

단점은 사실 양면 색종이

■ 가진 장점이
■ 없을 리가 없다

이쯤 되면 의기소침해지는 분들이 계실 수도 있습니다. '그렇게 따져보면 난 능력이 없는데?'라는 생각이 들어서겠죠. 있더라도 능력에 대한 확신을 가지지 못하거나, 능력이 확실한데 주변의 인정을 받을 기회가 없었을 수도 있습니다.

'능력을 판다'는 것은 꽤나 추상적인 표현이지만 실제 과정은 단순합니다. 당신이 원하는 것과 내가 가진 것의 거래죠. 상대방은 기술, 시각, 사고, 제작 능력 등 자신에겐 없는 무언가를 원하고 있습니다. 그 퍼즐 조각이 있어야 다음 단계로 넘어

갈 수 있거나 다른 무언가를 극대화할 수 있기 때문이니까요. 당신에게 그 퍼즐 조각이 있다면 그만큼의 대가를 받고 교환하면 됩니다.

당신은 무언가를 능숙하게 다룰 수 있거나, 전에 없는 색다른 시각을 지니고 있거나, 쉽게 따라 할 수 없는 사고방식을 지니고 있을 수도 있고 난해한 제작 과정을 경험해 봤을 수 있습니다. 실제로 아무 능력이 없는 경우는 거의 드물다고 봅니다. 살면서 해온 경험이나 쌓아온 지식들은 그 나름의 가치가 있습니다. 그리고 누군가는 그 경험을 필요로 하기 마련입니다. 능력이 없다고 생각하는 경우는 대체로 아래와 같습니다.

- 아직 내 능력이 필요한 사람을 못 만난 경우
- 재료는 있지만 활용 가능한 상태가 아닌 경우
- 충분한 능력이 있으나 내가 거부하는 경우
- 능력이라고 여겼는데 상대방은 인정하지 않는 경우
- 가진 능력을 스스로 인지하지 못하는 경우

그중에서도 자신의 인지와 실천으로 개선 가능한 세 번째, 다섯 번째 경우에 대해 알아봅시다.

▶ 안 될 거라는 추측의 안일함

충분한 능력이 있으나 내가 거부하는 경우는 능력의 부정적 측면이 너무 강조된 경우입니다. '만에 하나 실패하면 어떡하지? 상대방이 내가 실수하는 모습을 보면 나를 멍청하다고 생각하겠지. 넌 잘해야 해! 하지만 넌 완벽하지 못해. 그러니 이건 능력이 아닌 거야! 난 아주 허접해. 지금 이 능력 가지곤 어디 가서 말도 못할 거야. 난 무능력해! 완전 별로야!'와 같은 생각들이죠. 이는 페니헬Fenichel의 자아 지향적ego-orientied 관점에서 설명하는, 이상을 실현하려는 자아와 현실의 벽에 부딪쳐 좌절하는 자아의 대립과 그 양상이 비슷합니다. 또는 프로이트Freud의 자아와 초자아와의 갈등 관계에서도 비슷한 모습을 보입니다.

현실은 이상만큼 논리적이고 원리적으로 흘러가지 않습니다. 통제를 벗어난 수많은 변수들이 존재하죠. 통제하려는 욕구가 강할수록 통제 영역 밖의 변수들은 두려운 존재가 됩니다. 이는 능력과 '나의 가치'를 일치시키려 하기 때문입니다. 나의 가치를 표현하거나 인정받는 길이 곧 결과라는 생각에서죠. 이런 분들은 두 가지의 행동 양식을 보입니다. 보통 걱정과 고민, '난 못해'를 외치다가 결국 아무것도 안 하는 방식이나 자신의 능력을 완벽하게 만들기 위해 편집적으로 달려드는 방식이죠. 후자는 워커홀릭이나 자기계발 장인처럼 보이는 경향이 있어 인생을 찐하게 사는 것 같겠지만, 실제 본인은 굉장히 빠르게 소진되어 가고 있을 겁니다.

능력 하나가 당신 전체를 대변하진 않습니다. 인격과 능력, 재능과 통찰 등 다양한 무형의 산물이 당신의 영혼을 구성하고 있죠. 능력은 사회생활에서 상대방과의 맞교환을 위한 하나의 카드일 뿐입니다. 손에 쥔 패가 좀 꼬깃꼬깃하고 지저분해도 가진 패의 가치는 변하지 않습니다. 점수로 따졌을 때 낮다고 해도 괜찮습니다. 상대방이 항상 팔광에 고도리를 바라는 것은 아닙니다. 때에 따라 그 패가 정말 필요했을 수도 있죠.

역설적으로 자신의 능력을 거부하는 건 오히려 인정하고 있기 때문이기도 합니다. 다만 의심이 될 뿐입니다. 의심하는 것은 좋습니다. 나무 막대기를 명검이라 여기고 전쟁터로 뛰어드는 것보단 명검을 들고 '과연 이게 잘 잘려나가긴 할까?'를 고민해 보는 것이 목숨 측면에선 더욱 안전할 수 있죠. 스스로 능력을 능력이라 인정하지 못하는데, 상대방이 강요한다고 해서 좋은 성과가 나올 수는 없습니다. 오히려 긴장으로 인한 실수와 실패는 부정적 경험을 강화시킬 뿐이죠. 상대방 앞에 나서기가 두렵다면, 본인이 만족할 때까지 혼자서 칼을 갈고 있는 것도 나쁘지 않습니다. 능력을 당장 팔아서 돈으로 바꿔야만 하는 건 아닙니다. 확신이 생겨야 팔 수 있죠. 확신이 좀 생길 때까지 본인을 갈아 넣는 것도 필요한 경험이라고 봅니다.

▶ 안 보인다고 해서 없는 건 아니잖아

능력이 있지만 능력인 줄 모르는 경우도 이와 비슷한 맥락입니다. 보통 우리가 능력을 생각할 땐 능력의 유무를 고민하지 잘 모르겠다고 말하진 않습니다. 우리는 불확실에 투자하기보다는 한쪽에 힘을 몰아주는 것에 훨씬 익숙합니다. 그러다 보니 대부분 자기 부정적인 평가 쪽에 힘이 많이 실리죠.

분명 양면성이 있겠지만 그것은 본질에 대한 이야기이고, 우리가 우리를 생각하는 방식은 조금 다릅니다. 자기 복잡성 가설self-complexity hypothesis에 의하면 보통 자기에 대한 긍정적인 면과 부정적인 면으로 자기기억이 나뉘는데, 이는 혼재되지 않고 각기 별도로 저장되죠. 이때 긍정적인 정보는 추상적이고 대강 저장하는 반면, 부정적인 정보는 쓸데없이 상세히 기록한다고 합니다. 내가 나를 평가할 때 장점은 큼직하게 뭉뚱그리는 반면 단점은 더 구체적으로 설명하는 이유이기도 하죠.

혹시 자신의 능력이 무엇인지 잘 모르겠다면, 지금 머릿속에 떠오르는 '나'의 단점을 쭉 나열해 보셨으면 합니다. 대부분 이런 것들입니다.

- 성격이 급하다.

- 마무리를 못 짓는다.

- 남이 시켜야만 한다.

- 게으르다.

- 의지력이 약하다.

- 귀가 얇다.

단점만 들으면 어떻게 세상을 살아갈까 싶겠지만 사실 이는 '장점'과 동일한 문장들입니다. 위의 단점들의 레벨을 조금만 낮추면 아래와 같습니다.

- 실행력이 빠르며 몸부터 움직이는 타입이다.

- 함께 움직일 때 최상의 결과를 만든다.

- 섣불리 움직이지 않으며 조심성이 있다.

- 행동이 여유롭다.

- 갑작스러운 상황에도 방향 수정이 가능하다.
- 상대방의 의견에 쉽게 공감한다.

뭔가 상당히 말도 안 되게 바뀌었죠? 게으른 게 여유로운 거라고? 두 성질이 같다는 게 아닙니다. 여유로움이 지나치면 게으름이 되는 것이죠. 보통 단점이란 것은 장점이 과도하거나 부족해졌을 때 나타납니다. 장점이 장점인 채로, 즉 균형이 잘 잡힌 상태에선 특이점을 발견하기 어렵죠. 마치 원래 그랬던 것처럼 여겨집니다. 그 균형이 깨질 때만 인지할 수 있습니다. 장단점은 분리되어 존재하는 것이 아니라는 의미입니다. 이 때문에 자신의 장점을 못 찾겠다면 가장 본인이 문제라고 생각하는 단점을 꺼내서 그 수위를 조절해 봅시다. 또는 단점 뒤에 '하지만'을 붙여보면 새로운 문장이 될 수 있습니다.

'성격이 급해. 하지만 덕분에 성과도 빨리 내지.' 이렇게 말입니다. 어쩌면 모두가 기다리고 있던 카드를 본인 손으로 뒤집는 상황을 만들 수도 있습니다.

잘하는 것과
좋아하는 것은 다르다

■ 엉뚱한 것
■ 팔지 않기

'바쁘지만 일이 재미있다'와 '여가 시간은 많지만 일이 재미없다' 중 사람들은 어느 것을 선택할까요? 취업사이트 잡코리아의 좋은일연구소 조사에 따르면 성인남녀 672명 중 76.9%가 '바쁘지만 일이 재미있다' 쪽을 선택했다고 합니다. '잘하는 것'과 '좋아하는 것' 중 어느 것을 선택하겠느냐는 질문엔 58.2%의 사람들이 '잘하는 것'을 하겠다고 응답했죠.

우리는 종종 '좋아한다'와 '재미있다', '잘한다'라는 개념을 헷갈립니다. 어찌 보면 당연한 일입니다. 셋 다 긍정향이기 때문이죠. 일전에 언급한 자기 복잡성 가설처럼 언어적 정의에 따른 구체적인 판단보다 '유쾌하다', '불쾌하다' 등 감정적 판단이 더 앞섭니다. 앞의 표현들도 그 맥락에 따릅니다. 모두 활기차고 행복한 미래가 그려지는 단어들입니다. 하지만 결이 조금씩은 다르죠.

좋아하는 것은 취향의 문제입니다. 과거의 어떤 경험이나 지식을 통해 이미 '갖춰진' 상태입니다. 저는 메기매운탕을 상당히 좋아하는데, 일곱 살쯤의 기억이 큰 역할을 했습니다. 순창 어느 저수지 옆의 허름한 가게에서 아주 오래전에 먹었던, 들깻가루 가득한 메기매운탕이었죠. 그 기억의 효과가 아직까지 작용하고 있는 듯합니다.

재미있다는 것은 지금의 문제입니다. 과거에 한 번도 해보지 않은 것이라도 충분히 재미있을 수 있죠. 방 탈출 게임을 한 번도 해보지 않은 아버지를 데리고 방 탈출 게임방에 갔더니 갑자기 분위기 셜록 홈즈되는, 그런 경험을 말합니다. 스카이다이빙도 그렇습니다. 당장의 재미가 좋았던 것일 수도 있는데, 그걸 좋아하는 것이라고 말하긴 좀 애매합니다. 다수의 경험을 거치고 난 후에, 판단할 수 있는 중간 과정이 생기고 나서야 '난 스카이다이빙을 좋아해'라고 말할 수 있죠.

잘하는 것은 능력의 문제입니다. 단순히 유희적 차원을 넘어서 어떤 문제를 완전히 해결할 수 있는가에 대한 부분을 말합니다. 전 정리를 잘합니다. 한번 방을 뒤집기 시작하면 우당탕탕 몇 시간이고 청소를 하기도 합니다. 빠르고 깨끗하게 하죠. 그러다 숙달이 된 것 같습니다. 하지만 청소가 재밌다거나 청소를 좋아한다고 말하기엔 좀 애매합니다. 딱히 하는 동안에 '와, 재밌다'라는 생각이 들지 않습니다. '난 청소가 좋아'라고 말하기엔 변태 같기도 합니다. 또 곰곰이 생각해 보면 그리 좋아하는 건 아닙니다. 청소를 하고 나서의 짜릿함 혹은 해야 한다는 은근한 강박이 만들어낸 결과일 수도 있죠.

모든 경우에 적용되긴 어렵겠지만, 재밌는 것은 행동을 일으키게 하는 계기에 가깝습니다. 한두 번의 체험에서 느껴지는 긍정적 신호죠. 그리고 그것의 반복을 통해 경험은 세 가지 갈래로 나뉘게 됩니다. 좋아하게 되거나, 의외의 능력을 발견하게 되거나, 그냥 하나의 추억이 되거나죠.

▶ 의욕과 재능의 일치는 기적이다

좋아하는 일과 능력이 되는 일은 전혀 다른 일입니다. 그림을 좋아하지만 나의 생각과 감정을 표현하는 행위를 좋아하는 것과, 실제로 가치 있는 작품을 만들어내는 것은 다른 이야기죠. 무언가가 능력이 되기 위해선 애정을 넘어서 실질적인 완성도까지 갖춰야 합니다.

그러니 사실 앞의 설문조사 질문은 좀 모순적인 면이 있습니다. 냉정하게 말하면 '그냥 취미나 하면서 살래, 아니면 가치 있는 결과물을 만들어볼래?' 이런 질문과 비슷하죠. 물론 운이 좋은 케이스도 있습니다.

좋아하는 것을 반복하다 보니 숙달을 통해 능력이 되어버리거나, 애초에 선천적인 능력과 좋아하는 취향이 묘하게 맞아떨어지는 경우죠. 좋아하는 것과 잘하는 것이 일치한 경우입니다. 이것은 진정 축복입니다. 우리도 이런 축복을 받고 싶어 계속 좋아하는 것과 잘하는 것을 찾아 헤맵니다. 하나라도 교집합이 걸리면 대박이겠죠. 나쁘진 않지만 좀 비효율적이긴 합니다. 뭔가를 잘하기 위해선 많은 시간과 노력이 필요하거든요. 새로운 것을 배울 때마다 시간과 비용과 노력을 계속 들여야만 잘하는지 아닌지 알 수 있는 수준이 됩니다.

제 이야기로 예를 들어보겠습니다. 전 20대 중반에 아주 다양한 경험을 했습니다. 기타를 치며 노래도 불러보고, PPT도 만들어보고, 여행 기획도 해보고, 사회적 캠페인도 해보았죠. 파티도 열어보고, 강의도 해보고, 제품을 만들어보기도 하고, 서비스를 만들어보기도 했답니다. 다 깔짝깔짝 했어요. 모두 재밌고 좋아하는 것들이었습니다.

그렇게 3년 넘게 건드려만 보다가 다 그만두기 시작했습니다. 기타 치고 버스킹해서 3천 원 벌어봤습니다. **PPT** 외주해서 5만 원도 벌어보았죠. 여행 기획해서 4, 5만 원 정도 남겨보기도 했고. 강의해서 시간당 3만 원도 받았었네요. 제품 팔아서 10만 원 정도 수익이 남기도 했습니다. 와우. 모두 가치가 있었네요! 하지만 그 어떤 것도 삶을 책임질 수 있을 만큼의 능력은 아니었습니다.

사실 저는 그 시간을 즐기고만 있었습니다. 좋아하는 일을 능력으로 바꾸려고 한 것이 아니라 좋아하는 일만 하고 싶었던 거죠. 그건 매우 중독성이 있었습니다. 마치 내 삶과 취향을 내가 만들어가는 듯했습니다. 1, 2만 원씩 버니까 조금만 더 하면 될 것 같은 느낌도 있었어요. 물론 뭐든 이 악물고 계속했으면 뭐라도 되었겠죠. 하지만 당장 수십만 원씩 고정비가 나가는 상황을 견뎌내며 계속 할 정도의 의지는 없었던 것입니다.

'좋아하는 일로 돈을 벌고 살 거야!'라는 명제는 스스로를 합리화하기에 최적의 수단이었습니다. 주변 사람들이 보기에도 아주 멋져 보이거든요. 굉장히 자유인 같고 막. 지난 시간이 무의미하진 않지만, 그런 논리라면 의미 없는 일이 어디 있겠습니까. 세상 모든 것은 나름의 가치가 있는 법이죠.

당신이 현재 잘하는 것이 있다면(앞에서 말했던 내용을 염두에 두시고) 그것을 계속 키워나가셨으면 합니다. 일전에도 말했듯 새로운 뭔가를 배워서 융합한다고 해도 지금 하는 일이 일정 수준까진 되어야 효과가 있을 테니 말입니다. 좋아하는 일을 포기하란 것은 아닙니다.

좀 더 삭막하게 이야기해 보겠습니다. 당신이 좋아하는 것은 현재 상품 가치가 없고 잘하는 것은 명확한 상품 가치가 있습니다. 일단 있는 상품부터 팔아서 기회를 만드는 편이 더 좋습니다. 돈도 벌고 시간도 벌고 기회도 벌고 좋아하는 것도 지속할 수 있죠. 그러면서 남는 자원으로 좋아하는 것들을 하나하나 발전시키며 팔아먹을 수 있는 능력인지 실험해 봅시다. 꼭 능력으로 전환이 안 되더라도 다양한 취미는 확보할 수 있을 것이고, 이도 저도 아니라면 좋은 경험과 추억 정도는 가져갈 수 있겠죠. 낙담하지 마세요.

제일 안 좋은 케이스는 할 수 있는 능력은 내팽개치고, 좋아하는 일만 쫓아다니면서 돈이 안 벌린다고 주저앉아 울고 있는 것입니다. 이미 상품은 당신 손안에 있습니다. 자꾸 엉뚱한 곳에 한눈팔지 마세요. 손안에 있는 상품을 파는 게 우선입니다.

덜렁대지 않는 신속함

■ **주문이 밀렸다고**
■ **대충 하지 않는다**

　　무언가를 빠르게 처리할 수 있는 능력을 지닌 분들은, 일단 축하 먼저 드립니다. 이 능력은 매우 희귀한 데다 약간 타고나야 하는 부분도 있습니다. 물론 각자 가진 기준에 따라 '빠르게 처리한다'라는 말은 다르게 받아들여질 수 있습니다. 특히 '빠르다'라는 표현은 속도에 대한 개념에 따라 다르게 받아들일 수 있으므로 다음과 같은 기준을 적용해 보겠습니다.

(1) 빠르게 하기 어려운 일(난이도 있는)을 빠르게 쳐내는 경우

(2) 남들이 느려서 상대적으로 빨라 보이는 경우

(3) 자잘한 일들을 동시다발적으로 수행해 빠르게 쳐내는 경우

(1)엔 기본적인 통찰력과 문제를 빠르게 재구성하는 능력이 필요합니다. **(2)**는 운이 좋은 경우고, **(3)**은 손이 빠른 경우입니다. 손이 빠른 것과 머리가 빠른 것은 좀 다른 문제입니다. 하지만 '무언가를 빨리 하는 것'에는 변함이 없죠.

속도의 능력을 지닌 분들의 경우 어떤 점을 내세우고 어떤 점을 조심해야 하는지 설명해 보겠습니다. 빠른 사람들에게는 꼼꼼함이 부족할 수 있습니다. 그 부분을 무조건 완벽하게 채우라는 이야기는 하지 않겠습니다. 꼼꼼함이 부족한 대신 빠른 장점을 가진 건데 그것까지 빠짐없이 채우라고 하는 건 지나친 욕심이겠죠. 이는 착하고 말 잘 통하는 애인 구하는 것만큼이나 어려운 일입니다. 당연히 꼼꼼함은 일정 수준 버리고 가는 것이 맞습니다.

일단 업무를 빨리 하는 사람들의 특징을 살펴보겠습니다. 이때 '일을 빨리 한다'의 기준은 내가 아니라 타인의 평가입니다. 남들이 '오, 넌 일을 참 빨리 하는구나'라는 소리를 하는 경

우가 기준입니다. 보통 이런 소릴 듣기 위해선 다음과 같은 역량을 선보여야 합니다.

▶ 약속한 시간보다 한 발 빨리

그들은 마감 기한까지 일을 질질 끌지 않습니다. 마감은 '최소한'을 정하는 겁니다. 마감에 딱 맞춰 일하는 분은 칼 같긴 하지만 좀 조마조마한 면이 있습니다. 당신에게서 일을 받아 넘겼을 때 다음 단계에서 지연될 수 있다는 것까지 고려했을 때 매니저는 하루나 이틀 정도는 먼저 주길 바랄 것입니다.

하지만 처음부터 '하루 전까지 드릴게요'라고 말한 뒤 전달하면 고마움을 알기 어렵습니다. 능력이 반복되면 그게 권리처럼 되는 것이죠. 마감일까지 드린다고 말한 뒤 하루 일찍 주는 깜짝 이벤트를 선보인다면 상대방은 당신에게서 후광 비슷한 것을 발견하게 됩니다.

▶ 어떻게든 일정을 맞추는 사람

그들은 매우 급한 일정도 수용 가능한 수준으로 소화해냅니다. 손이 빠른 사람들의 엄청난 능력입니다. 전 5년 동안 디자인 사업을 하면서 단 한 번도 여유 있는 클라이언트를 본 적이 없었습니다. 모두 한시가 급하니 최대한 빨리 만들어주길 바랐죠. 그 이유야 여러 가지가 있겠지만 실무자 입장에서는 진땀나는 상황입니다. 그러나 손 빠른 존재들은 이를 해냅니다. 가끔 말도 안 된다 싶을 때도 있습니다. 하루 동안 제안서 50장을 만들어야 한다거나, 로고를 내일까지 만들어달라든지, 보고 자료를 오늘 밤 안에 준비해야 한다든지. 이는 누가 봐도 비인도적인 처사죠.

이 일을 해내려면 오늘 잠자긴 글렀다고 생각합니다. 하지만 같이 밤을 샌다고 했을 때 해낼 수 있는 사람과 없는 사람은 명확히 나뉩니다. 누구나 충분히 이런 일을 해낼 수 있습니다. 하지만 어떤 전략으로 해낼 것인지는 고려해 보아야 합니다. 냉큼 할 수 있다고 받아서 진행하는 건 좋지 않습니다. 심각하게 고민해 본 다음 상대방이 '제발'이라는 소리가 나오게 만들어야 합니다.

거절하는 것 대신 생각할 시간을 좀 달라고 하거나(물론 그 시간도 아까울 수 있지만), 이것이 가능하기 위해선 기존 자료가 정리되어야 한다는 식으로 오히려 상대에게 일거리를 돌려 넘기는 것입니다. 일단 일을 받으면 본인이 수행의 책임자가 됩니다. 그게 말도 안 되는 일이든 아니든, '오케이'를 하는 순간 책임도 수락하는 것입니다. 따라서 이런 무리한 요구를 받았을 때는 상대에게 '조건부'를 걸어야 합니다.

- 당신이 오늘 오후 여섯 시까지 모든 자료를 정리해서 넘겨준다면
- 내일 오후 세 시까지 제출기한을 연장시켜준다면
- 수정 없이, 중간에 추가 삭제가 없다는 조건 하에

이런 조건 아래 상호 동의가 확정된 다음 무리한 요구를 전략적으로 진행하는 게 좋습니다. 앞에서 말했듯 내 능력이 당연한 권리로 여겨져선 안 됩니다. 빠른 손은 아주 귀중한 나만의 장점이라는 것을 팽팽한 거래의 긴장으로 보여줍시다.

▶ 실수 없는 수준에 매끈한 실력

최대 속도의 결과물은 평균 정도여야 합니다. 물론 실수도 있겠지만, 속도 대비 수용 가능한 수준이어야겠죠. 결과물이 너무 조악해 보여서는 안 됩니다. 화려하진 않더라도 깔끔한 정렬로 위계는 잡아줄 수 있어야 합니다. 누가 봐도 '평균은 했구나' 생각할 정도면 충분합니다. 실수는 빠르게 수습합니다. 완벽하게 수행할 만한 여유를 받진 않았으니까요.

▶ 꿰뚫어보고 전체를 그려라

손 빠른 사람들의 특징은 효율과 통찰의 달인이라는 점입니다. 사건을 단번에 꿰뚫어 보고 우선순위를 빠르게 결정합니다. 작업의 효율성을 최우선으로 두죠. 쓸데없는 일들과 요소들을 쳐냅니다. 여기서 발생하는 효율은 전체 일을 신속하게 진행시키는 데 일조합니다. 이러한 능력이 과정마다 쌓이면 엄청난 경제력을 가지겠죠. 그러니 일 전체가 잘 돌아갈 수 있게 정리하는 능력이 있다면 최대한 직관적으로 어필하시길 권합니다.

이를테면 디자이너가 마케터를 위해 활용할 업체에 맞게 미리 사이즈를 분류해서 넘긴다거나, 또는 바로 적용할 수 있는 이미지만 따로 분리해서 주는 등의 행위를 들 수 있겠습니다. 이 작업에서 다음 사람에게 뭐가 필요한지, 그 사람은 어떤 일을 하는지 알고 있기에 가능한 것입니다. 개발자가 쉽게 일할 수 있도록 컬러 코드와 구현 방식 설명을 전문 용어로 바꾸어 전달하는 것, 다음 작업자가 쉽게 짐을 나를 수 있도록 분류한 다음 물품을 창고의 깊은 순서대로 배치해 놓는 일들도 마찬가지입니다. 이런 센스는 배려와 관찰력에서 나오죠.

저는 20대 중반쯤 A사 매장에서 판매사원으로 일했습니다. 당시 사장님은 다른 매장을 6, 7개 정도 더 열었는데, 밤 아홉 시에 본 매장 영업이 끝나면 형님 차를 타고 동탄으로, 광교와 롯데백화점으로, 장지역으로 매장을 다녔습니다. 윙탑 트레일러가 '고오오' 소리를 내며 등장하고 양문이 장엄하게 열리면 1천 개에서 1천 4백 개 징도 되는 빅스가 그 위용을 드러냅니다. 이때부터 숨 돌릴 틈 없는 이동 작업과 사이즈 정리, 창고 배치 작업이 시작됩니다. 노련한 선배님들은 창고 내 상품위치와 동선을 미리 쓰윽 둘러보신 후 지휘봉을 잡으십니다. 그다음 먼저 집어넣어야 할 물건들부터 정리해 놓죠. 좁디 좁은 창고에 5명이 들어가 엉겨붙는 현상을 막는 것입니다. 같은 일을 해도 병목 현상 없이 깔끔하게 완수할 수 있죠.

▶ 뒤탈이 없는 게 매력

아이러니하지만 수정을 두 번 안 하게 만드는 것도 빠름의 영역입니다. 빼어난 수준의 결과물이 아니어도 됩니다. 불후의 명작 대신 실수 없이 진행하는 방식을 선택하는 경우입니다. 한 방에 일이 끝나는 것만큼 속도를 줄이기 좋은 방법이 또 있을까요. '와, 잘한다' 소리가 나오는 건 보통 결정을 내리는 사람의 취향과 스타일을 이미 알고 그걸 잡아낸 경우입니다. 같이 합을 맞춰본 적이 많을수록 이런 경우가 많죠. '빠르면서도 꼼꼼하다'라는 소리가 나오는 건 주로 오탈자, 띄어쓰기, 누락 등의 실수가 없는 경우입니다. 디자인이 조금 맘에 걸릴 수도 있고 정렬을 다시 손볼 수도 있지만 중요한 부분들에는 의심의 여지가 없죠.

앞에서 보신 것처럼 손 빠른 분들은 '효율성'에 강점이 있습니다. 이 강점을 극대화시킬 수 있는 부가 기술을 더욱 강조해 자랑해 보면 좋겠습니다. 상대방을 배려해 한발 앞서는 예측 능력, 일 전체를 정리해서 간소화하는 정리력, 상대를 파악해 구미에 맞는 결과를 내놓는 저격 능력, 진짜 손 자체가 빨라서 멀티태스킹으로 일을 쳐내는 소멸 능력, 문제의 본질을 꿰뚫어 쪼갠 다음 가볍게 만들어내는 통찰력. 손이 빠른 능력은 그저 물리적인 시간 절약 정도가 아니라, 일 전체의 효율을 극대화시키는 치트키 같은 존재입니다. 실수도 가끔 있고, 완벽의 기준에는 미치지 못할 수도 있겠지만 저장만 잊지 말고 꼬박꼬박 해주면, 업무 능력자로 인정받을 수 있습니다.

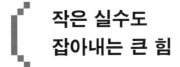

작은 실수도
잡아내는 큰 힘

■ 매의 눈이 만드는
■ 꼼꼼함

　빠른 능력 못지않게 굉장한 능력이 바로 꼼꼼함입니다. 따라 하고 싶어도 흉내 내는 것조차 어렵죠. 이미 그런 눈을 지니고 있는 경우이기 때문입니다. 꼼꼼한 능력엔 디테일을 들여다보는 매의 눈 말고도 어디에서 문제가 발생하는지 예측할 수 있는 통찰력도 포함됩니다. 모든 것을 꼼꼼하게 들여다보는 것만 의미하지 않습니다. 이는 문제가 생길 만한 곳들을 유심히 보는 능력입니다.

　꼼꼼한 사람은 빠른 사람과 흔히 대척점에 있는 것처럼 여

겨지지만 꼭 그렇지는 않습니다. 오히려 가장 가까운 곳에 있
곤 합니다. 꼼꼼함이 반드시 '느림'을 동반하는 것은 아닙니다.
오히려 진짜 꼼꼼한 능력을 지닌 분들은 틀릴 만한 곳에 확신
을 가지고 계신 편이었습니다.

흔히 꼼꼼함이 느림을 만드는 이유는 무엇이 틀렸을지 모
르니 모든 것이 틀렸다는 가정 하에 하나하나 대조해 보거나
자기도 자신을 못 믿겠어서 나노 단위로 유심히 관찰하길 두
번 세 번 반복하기 때문입니다. 이게 아니라면, 그저 느린 것을
꼼꼼함으로 포장하고 있었을지도 모릅니다.

▶ 꼼꼼함은 느림의 변명이 아니다

단지 일의 속도가 느린 것뿐인데 이를 꼼꼼함으로 말하는
경우가 많습니다. 느림은 일에 필요한 적정선의 긴장감마저
잃게 합니다. 오히려 약간의 압박과 속도가 있을 때 일의 정확
성과 효율성이 훨씬 커지죠.

이는 요크스-도드슨Yerks-Dodson 효과에서도 살펴볼 수 있
습니다. 이는 인간의 감각-지각의 각성Arousal 상태와 과제 수
행 능력Quality of Performance 사이에는 U자를 뒤집은 형태의
관계가 성립한다는 이론인데, 적당한 스트레스와 긴장감이 행

동에 긍정적인 영향을 미친다는 내용입니다. 정보를 빠르고 정확하게 꺼낼 수 있게 만들고, 시각도 더욱 예민하게 발달시켜 더 많은 정보를 빠르게 처리할 수 있게 해주죠. 물론 너무 심해지면 그때부턴 하락곡선을 그리게 됩니다. 이는 지각의 긱성 성태뿐 아니라 기억력에도 영향을 미칩니다. 따라서 이완이 지속되고 있는 상태인 '느린 업무 수행'이 항상 꼼꼼함을 의미하는 것은 아닙니다.

그렇다면 진짜 꼼꼼한 사람은 어떤 능력을 지니고 있고, 이를 돋보이게 하기 위해선 어떤 것이 필요할까요? 꼼꼼한 능력을 지닌 사람들은 상대방으로부터 어떤 말을 듣는지 살펴보겠습니다.

▶ 와, 이걸 어떻게 찾아내지?

진짜 몽골인 그 자체인 경우입니다. 어디 숨어 있는지 보이지도 않는 작은 픽셀 깨짐이나, 미세한 정렬 틀어짐, 7포인트에 잘 보이지도 않는 구석의 오탈자, 복사-붙여넣기 도중에 그룹이 해제돼서 깜빡한 점 하나 등등. 오락실 틀린 그림 찾기 게임 만렙처럼 완벽한 시각적 능력을 보유하신 분들입니다. 디자인이나 제품 제작, 물류, 개발 계통, 의료, 미술 계열에서 빛을 발할 분들입니다. 특유의 예민함과 관찰력으로 미세한 오차와 오류들을 찾아냅니다. 다만 이런 분들이 상사로 존재한다면 팀원들은 매우 피곤해질 수 있습니다. 만약 본인이 이런 능력을 지니고 있거나 리더의 자리에 있다면, 가끔은 눈에 들어간 힘을 살짝 뺄 필요도 있습니다. 일도 일이지만 대인관계도 관리해야 하니까요. 나노 단위의 관찰은 최대한 자제하고, 빠짐없이 완벽해야 할 중요한 순간에만 초능력을 써주도록 합시다.

▶ 감수자의 눈으로 퍼즐 완성하기

작업자의 눈과 감수자의 눈은 다릅니다. 단순히 틀리고 맞고를 찾아내는 영역을 넘어서 감수자는 방향성, 취향, 목적성 등등에 부합하는가에 대한 문제를 다뤄야 하니까요. 감수자는 전체 기획에 맞는 제작물인가(물론 '내 맘에 드는가'도 함께)를 살펴봅니다. 감수자의 눈을 예측해 그의 욕망과 기획 의도를 동시에 담아내는 것은 가히 최상급의 백두혈통 꼼꼼 장인의 면모를 보여주는 기술이라 할 수 있습니다. (네, 당신을 존경합니다. 같이 일합시다.)

마케팅이나 기획, 디자인, 콘텐츠 제작, 상품 제작, 서비스 기획 등에서 빛을 발할 수 있는 분들입니다. 물론 속도는 만족스럽지 못할 수 있습니다. 하지만 어차피 뜨뜻미지근한 시안으로 세네 번 수정하는 시간이나 한 번에 끝내는 시간이나 비슷하다면 후자 쪽이 훨씬 효율적일 것입니다. 일에는 속도 못지않게 감정적 소모와 피드백 스트레스도 중요하게 작용합니다. 그렇기에 더더욱 감수자의 능력을 지니고 계시다면 자만심을 조심해야 합니다. 수정 없이 한 번에 확정이 나는 경우가 많아지다 보면 마치 내가 사람의 마음을 읽거나 그를 완벽히 만족시킨 것 같은 자만심에 취할 때가 있습니다. 그건 아닙니다. 큰 틀에서 딱히 건드릴 게 없으니 믿고 넘어가는 것입니다. 만약 감수자가 자만 가득한 유형이라면 나에게도 피해가 올 수 있으므로 방심은 금물입니다.

▶ 갑자기 분위기 건너뛰지 않도록

주로 글을 다루거나 기획, UXUser Experience를 다루는 파트에서 유용한 능력입니다. 사소한 정렬이나 픽셀 이런 건 잘 모르겠고, '이 기획이 말이 되는가?'에 좀 더 방점을 두고 일하시는 분들입니다. 논리 장인들이죠. 맥락상 허점과 오류를 찾아내고 그것을 수정할 수 있는 능력입니다. 상대방으로부터

'아니, 뭘 저런 걸 가지고 꼬투리를 잡아?'라는 말이 나오지 않으려면 근거가 명확해야 합니다. 논증에서 발생하는 허점을 정확히 찾아야 하죠.

우리는 업무 중에 흔히 전제와 도출 과정에서 비약이나 일반화, 인지 오류 등을 많이 저지릅니다. 이런 부분을 초기에 잘 잡아낸다면 어긋난 방향으로 일이 진행되는 걸 막거나 뒤늦게 발생하는 헛수고를 줄일 수 있습니다. 전략 기획이나 신사업부서, 서비스 기획팀에 이런 능력을 지닌 분이 있다면 매우 소중히 다뤄주셔야 합니다. 다만 이런 능력을 뽐내고 싶은 분들은 유쾌함과 유머를 겸비하시는 편이 좋습니다. 보통 맥락을 지적하는 발언은 날카롭고 비판적인 말투가 되기 쉽습니다. 자칫 재수없게 들릴 수도 있으니 주의합시다.

▶ 성격은 성격, 일은 일, 사람은 사람

꼼꼼함은 누구나 가지기 어려운 영역입니다. 성향의 문제도 있기 때문입니다. 꼼꼼함을 내세우기 위해선 기시감과 싸워야 합니다. '아마 속도가 느리겠지', '완벽주의일 거야', "대화하기가 어려울 거야' 등등 꼼꼼한 사람을 향한 수많은 선입견이 존재합니다. 물론 실제로도 그런 경우가 있죠. 특히 완벽주의와 합체되면 당최 중간에 보고를 해주지 않습니다. 본인의 완전 무결성에 흠 잡히고 싶지 않아서일까요. 피드백을 하고 수정 단계를 낮추려고 해도 중간보고가 없으니 최종 결과물에 큼직큼직한 수정이 이루어지는 슬픈 상황이 생기기도 합니다. 이러한 경험을 몇 번 해봤던 분들이라면 무엇보다 시원시원하게 소통하면서 모니터를 볼 때만 예민하다는 점을 명확히 해야 합니다.

꼼꼼함의 최대 무기인 신뢰성을 제일 선두에 내세웁시다. '저 사람이 하는 일은 틀린 게 없어'라는 믿음만큼 강력한 것은 없습니다. 열 번을 잘하다가 한 번 실수하는 것은 괜찮습니다. '어머, 웬일이야?! 오늘 컨디션 안 좋아?' 또는 '이야, 가끔 이렇게 실수도 하고 인간미가 있네!' 같은 말들로 희석될 수 있으니까요. 하지만 열 번 실수하고 한 번 잘하는 것은 별 의미가 없습니다. 그러니 꼼꼼 장인이 되기로 선택했다면 초반에 이미지를 신경 써야 합니다.

자꾸만 눈이 가는 특별함

색다르게,
남다르게,
틀리지 않게

콘텐츠를 다루는 분들이나 기획자, 큐레이팅을 하시는 분들은 '색다름'이 항상 간절할 겁니다. 흔히 '크리에이티브'라고 부르는 능력이죠. 우리가 보통 생각하는 색다름은 무릎을 치게 만들고, 탄성이 나오게 만드는 기똥찬 한 방을 가집니다. 그러나 사실 자세히 들여다보면 꼭 그런 것만은 아닙니다. 세상에 없던 놀라운 것을 만들어내야만 '색다름'일까요? 보통 그런 '창조'를 했을 때 사람들은 무릎을 치기보단 갸웃거리고 의심하며 경계합니다. 미국의 사회학자인 에버렛 로저스Everett

Rogers의 혁신확산이론diffusion of innovations에 따르면 최
초 혁신을 촉발시키는 부류는 전체 대중의 2.5%에 불과합니
다. 이노베이터(혁신가)라고 불리는 이 그룹의 수용 이후 얼리
어답터(초기 수용층)로 스며드는데, 이들은 전체의 13.5% 정도
에 해당하죠. 신세품이나 새로운 서비스, 새로운 콘텐츠가 등
장했을 때 75%에 육박하는 사람들은 일단 경계하고 있거나,
아예 그 사실을 인지하지 못하고 있는 경우가 대다수입니다.
창의성이란 세상에 없는 존재를 불현듯 등장시키는 게 아니
라, 기시감과 차별성을 적절히 조합해 논리적으로 비트는 능
력입니다. 어디선가 본 듯한 익숙함을 띠고 있으면서도 자신
만의 색이 살아 숨 쉬도록 개성을 조화롭게 녹여내는 것이죠.

색다름의 영역은 양쪽이 절벽인 외나무다리와 같습니다.
왼쪽은 식상함의 절벽, 오른쪽은 무리수의 절벽입니다. 균형
잡기가 무엇보다 중요한 능력이라고 할 수 있겠습니다. 색다
름을 다루는 능력자들의 자랑거리와 조심해야 할 점들을 알아
보겠습니다.

▶ 특이하다는 특징의 일관성

색다름을 다루는 능력자들에게 가장 중요한 건 아이러니

하게도 일관성입니다. 사실 매번 새로운 아이디어를 낸다는
것은 거의 불가능합니다. 또한 색다름은 동료들을 조금 지치
게 할 위험이 있죠. 매번 튀는 아이디어도 좋지만, 상대방 입장
에선 '저 사람은 나와 다르다'라는 이질감을 계속 받게 될 테
니까요. 이러한 이질감은 한두 번일 땐 신선함을 주지만 계속
되면 거리감을 만들어냅니다. 본인만의 색깔을 지니고 있다면
하나로 정리한 후 그걸 꾸준히 밀어붙이는 일관성을 가져야
합니다.

사실 예전에 전 강의를 진짜 못했습니다. 누구 앞에서 말하
는 것에 대해 내적 소름을 지니고 있었기 때문입니다. 목소리
와 외모, 카리스마에 대한 열등감이 있던 터라 그런 것을 보완
하기 위해 더욱 포장된 모습을 만들곤 했습니다. 부담은 더욱
커져갔고 어색함은 배가 되었습니다. 내면에서부터 제가 저
를 지치게 만들고 있더군요. 그래서 어느 순간부터 '내면의 후
리free함'을 각성시켰습니다.

단정한 옷 대신 후드티를 입고 운동화를 신은 채 어딘가에
걸터앉아 강의를 하기 시작했습니다. 술자리에서나 할 법한
말투와 한 사람에게 대화하듯 말하는 방식으로 기존의 딱딱한
강연의 틀을 바꿨습니다. 물론 욕을 엄청 먹기도 했고, 손가락

질을 동반한 훈수도 많이 받았죠. 주최자들은 종종 턱관절이 개방된 상태로 저를 바라보기도 했습니다. 뭔 저런 전통 욕설 같은 사람이 다 있나 싶었겠지요. 하지만 횟수가 거듭되고 일정한 스타일이 생기다 보니 이제 안 부르는 곳에선 아예 안 부르고 부르던 곳에서는 계속 지를 불러주었습니다. 호불호가 갈리기 시작하니 좋아하는 쪽에선 확실한 캐릭터를 잡을 수 있었고 안 좋아하는 쪽에선 오히려 다른 방식을 제안했습니다. 글로 써달라고 하거나, 또는 1:1로 해줄 수 없겠냐는 문의였죠. 생각해 보면 뭔가 독특함을 무기로 내세우려면 일단 계속 가는 것이 중요합니다. 이상한 걸 한 번만 보여주면 이상한 사람이 되지만, 계속 보여주면 캐릭터가 됩니다.

▶ 이상하지만 잘하잖아

독특하거나 기복 있는 사람이어도 괜찮습니다. 약간 정신 나간 천재 과학자처럼 보이는 것도 좋습니다. 결과물의 퀄리티가 좋으면 그런 이상함조차 그저 웃음 짓게 만드는 하나의 매력이 됩니다. 이때 중요한 건 '한 끗'입니다. 예를 들어 영상을 만드는 사람이라면 배경음악이나 자막이 기가 막히게 잘 들어갔다거나, 특유의 톤이 존재하는데 묘하게 중독성이 있다

거나 하는 것과 같습니다. 뭔가 밝고 하얀 영상톤을 잘 만든다
면 그런 영상이 필요할 때 당신이 기억날 수 있습니다. 다방면
을 모두 잘하는 제너럴리스트보다 하나의 주제에 특화된 스페
셜리스트가 되는 것이죠.

▶ 자부심이 장점이 되는 시간

앞선 조건이 충족되어야 가능한 것이지만, 가진 능력과 더
불어 알 수 없는 자부심이 매력이 되기도 합니다. 색다름이란
건 남들이 쉽게 따라 할 수 없는 고유성의 영역입니다. 노력으
로 만들어진 것들과 타고난 기질이 잘 조합된 상태죠. 이런 자
부심은 상대방으로 하여금 범접할 수 없는 아우라를 느끼게
만듭니다. 똑같이 100의 능력을 지니고 있어도 왠지 더 잘하
는 것처럼 만들어주죠.

자부심은 거만한 표정과 단호한 어투에서 나오지 않습니
다. 아닌 건 아니라고 쳐낼 수 있는 용기, 자신의 기준에 충족
할 때까지 최선을 다하는 장인정신에서 비롯됩니다(물론 마감
일을 넘겨서는 안 됩니다). 특히 여기에 예술성이 드러나는 신비
로움을 조금 가미하면 더욱 훌륭해지죠. 이런 분들은 클라이
언트의 요구를 순순히 받아주지 않습니다. 급해 죽겠어도 차

한 잔은 꼭 마시고 시작한다거나, 잠시 눈을 감고 명상을 하기
도 하죠. 뭔가 기를 모아서 장풍이라도 쏠 것 같은 느낌을 줍
니다. 물론 이러한 행동에는 반드시 그 기대에 부응하는 퀄리
티가 뒷받침되어야 하지만 말입니다.

색다름을 지니고 있는 사람들은 그들에 대한 상대의 호불
호가 명확한 편입니다. 그들을 찾는 고객 또한 한정적이고 그
들이 수행할 수 있는 영역도 분명 한계를 지닙니다. 물론 색다
름 자체의 문제는 아닙니다. 그들의 한계성을 단점이라 단정
지을 수도 없습니다. 이는 본인의 한계 내에서 단가를 끌어올
리거나 한계 밖에 있는 '불호'의 영역에 있는 사람들에게까지
여지를 남기는 능력이니까요.

요구 사항을 잘 들어주지 않는 경우도 있습니다. 주관이 많
이 반영되는 편이죠. 색다름을 추구할 때 조심해야 할 부분은
본인의 뚜렷한 주관이 욕망에만 기인하는 게 아니라, 어디까
지나 기획 의도 안에서 움직여야 한다는 것입니다. 우리는 콘
텐츠를 제작할 때 종종 방향을 잃곤 합니다. 멋진 것들을 만들
고 싶다고 때깔에만 신경 쓰는 경우들이 많습니다. 방향 잃은
배를 혼쭐내고 다시 원상복귀시킨 다음 더 빠르게 나아갈 수
있는 색다른 '노'를 만들어 저어야 합니다.

PART 2
생각 팔아 마음 사기

머릿속의 가치들을 꺼내놓자

**생각은
재화를 만드는
재료다**

"무슨 생각해?" "어, 오늘 점심 뭐 먹을까 고민하고 있었어."
"넌 생각이 있니?" "죄송합니다…"
"생각 좀 하고 살아, 생각 좀." "나도 나름 한 거야."
"아, 요즘 생각이 많아." "생각만 하면 뭐해? 그 말 오백 년째 듣고 있어."

이번 챕터에선 지겹도록 '생각'이라는 단어를 말할 겁니다. 그리고 최대한 판매 가능할 정도로 기똥찬 생각을 만드는 방법을 고민하고 찾아볼 겁니다. 우선 이것부터 말해보겠습니다. 생각이 돈이 될까요? 물론 됩니다.

같은 디자인이라도 생각하며 만든 것과 생각 없이 만든 것에는 분명 금액의 차이가 있습니다. 당신의 연봉도 손이 아닌 뇌가 벌어주는 겁니다. 손은 훈련에 의해 빨라진 것뿐이죠. 영업사원의 성과급 또한 고객이 어떻게 움직이며 어떤 성향을 가지는지 재빠르게 분석하고, 말과 행동을 통해 딱 맞는 것을 제안하는 생각에서 기인합니다.

생각 자체는 형태가 없기 때문에 직접적인 재화가 되진 않습니다. 하지만 유형의 무언가를 만들기 위한 훌륭한 재료가 되죠. 연필 하나를 만들어도 잘 팔리는 연필과 아닌 연필로 나뉘기 마련입니다. 생각은 연필을 만들기 위함이 아니라 '어떤' 연필을 만들기 위해 필요합니다. 판매 가치는 '어떤'에 들어갈 단어를 통해 결정됩니다.

▶ 생각이 사는 집, 언어

자, 이제 생각이란 무엇인지 전문가의 말을 들어 알아보도록 하겠습니다. 신경과학자 제럴드 에덜먼Gerald Edelman의 이론을 들어보겠습니다. 쉽게 풀어 설명하면 그는 생각은 곧 의식이라고 했습니다. 그리고 인간은 1차 의식과 고차 의식, 두 가지 의식을 지닌다고 했죠. 1차 의식은 이미지입니다. 기본적인 욕구죠. 이는 오감에 의해 판단되며 욕망의 정도에 따라 선순위가 바뀝니다. 배고팠다가 졸렸다가 배출하고 싶어 하는 것이죠. 또한 특정한 규격, 즉 역치가 정해져 있습니다. '어느 수준이 되면 화장실을 가야 한다'는 신호가 존재하는 것입니다.

고차 의식은 '언어'에 의해서 발현됩니다. 놀라운 건 언어가 발생하면서 인간은 시간의 흐름을 인지합니다. 엊그제 했던 일들이 기억으로 저장되면서 과거가 됩니다. 과거의 정보는 현재 느껴지는 정보의 대조군이 됩니다. 이 비교 과정을 인간은 현재로 인식합니다. 그리고 이를 통해 유추하는 과정을 미래라고 부릅니다. 기억과 의식은 사람이 세계를 인식하는 기본 틀을 구성해 줬습니다.

여기서 중요한 건 생각과 언어는 떼려야 뗄 수 없는 관계라는 것입니다. 어린 아이들은 제일 먼저 '엄마', '아빠'를 배웁니다. 그런 다음 각 사물의 이름을 학습하죠. 이후엔 스티커 붙이기 등을 통해 'A는 B다'라는 정의를 배우게 됩니다. 이 과정을 통해 대상을 인식하고 세계관을 구축하기 시작합니다. 그리고 자신이 알고 있는 정보들을 조합하고 변형시켜 상상의 존재를 만들어내기도 하는데, 흥미로운 건 이 상상의 존재에게도 반드시 이름이 있단 점입니다. 언어로 규정할 수 없는 것들은 무의식 속에 이미지로 존재하다가, 가장 유사한 언어로 편입됩니다. 따라서 언어는 생각의 가짓수보다 훨씬 적고 추상적일 수밖에 없습니다. 다양한 생각을 포괄하고 있죠.

　사람이 하루에 몇 개의 생각을 하는지는 정확하게 밝혀진 바가 없지만, 〈뉴 사이언티스트New Scientist〉지에 따르면 인간은 평생 80조의 10제곱 정도의 생각을 한다고 합니다. 하루에 약 7만여 개의 단어 정도로 산출할 수 있습니다. 가늠도 되지 않는 엄청난 숫자입니다. 사실 오차 범위와 중복 여부를 한참 감안하더라도 사람이 평생 사용하는 일상 언어가 1천여 단어, 존댓말과 전문 용어를 포함해도 5천여 단어 남짓이라는 점을 생각해 보면 언어가 얼마나 추상적인 개념인지 실감이 나죠. 이 방대하고 수많은 생각을 먼저 간단하게 속성에 따라 분류해 봅시다.

▶ 가장 처음의 반응부터 살피기

　앞서 제럴드 에덜먼의 이론에서 고차 의식과 1차 의식을 언급했습니다. 이는 고차 의식이 발달하면 1차 의식이 사라진 다거나 뛰어넘어야 할 대상이 된다는 말은 아닙니다. 오히려 1차 의식은 무의식 저변에서 고차 의식에게 끊임없이 영향을 주며 사람을 흔들어놓습니다. 생각하면 생각할수록 화가 나는 경우를 예로 들 수 있겠습니다. 논리적인 이해와 정의보다 감정적인 억울함과 분함이 사람을 미치게 만드는 것이죠. 사실 이해할수록 더 성질이 날 겁니다. 하지만 1차 의식에 대한 인지는 매우 중요합니다. 생각의 시작은 우선 이미지입니다. 우선 제일 단순한 본인의 생리 욕구부터 인지해 봅시다.

　내가 지금 배가 고픈지, 화가 나는지, 슬픈지, 간지러운지, 졸린 건지. 그것부터 명확하게 알아차리는 과정입니다. 우리가 매일 입버릇처럼 외치는 '죽겠다, 너무 피곤해, 집에 가고 싶다, 배고파, 뭐 먹지' 같은 말들을 내뱉지 않은 상태에서 찬찬히 인지해 봅시다. 진짜 피곤한지. 진짜 죽겠는지. 진짜 배고픈지. 종종 어른들이 '춥다 춥다 하면 진짜 추워'라고 말씀하시는데, 나름 일리가 있는 이야기입니다.

　언어가 나의 세계를 지배한단 것은 이미 수많은 연구에 의해 밝혀진 사실이고, 더 나아가서는 인지 체계까지도 바꿀 수 있다고 합니다. 2012년 〈플로스원*PLoS one*〉지에 실린 프랑스의 인지과학자들의 연구를 살펴봅시다. 참가자들은 악력을 측정하는 센서를 쥐고 있었습니다. 그런 다음 몇 개의 단어를 들려주었더니, 참가자들은 '긁다', '던지다' 등 손 운동과 관련한 단어가 나올 때 더 강한 악력을 주었고 '짐을 들지 못했다'와 같이 부정적인 문장이 나왔을 땐 악력의 변화가 없었다고 합니다. 언어가 운동 신경에도 영향을 미친다는 것이죠.

명상은 색다른 의미에서 좋은 훈련이 되는데, 일단 흔히 말하는 '생각 비우기'는 초보자에게 매우 어려운 일입니다. 많은 훈련을 통해서만 가능하죠. 하지만 눈을 감고 가만히 있으면 배에서 나는 꼬르륵 소리와 목 뒤의 간지럼 정도는 느낄 수 있습니다. 가만히 10분 내내 앉아 있으면 허리도 목도 슬슬 아파 옵니다. 잠이 들 것 같은 기분도 느껴집니다. 우선 나의 몸이 반응하는 여러 신호부터 느끼는 연습입니다.

우린 종종 입버릇 때문에 반응의 실체를 얼버무립니다. 실제로는 배고픈 게 아니라 목이 마른 것일 수도 있습니다(실제로 두뇌는 갈증을 배고픔으로 착각하는 경우가 많습니다). 조금 냉정하게 나의 반응들을 살펴보는 것이 우선입니다.

▶ 더욱 자세하게 상상하기

자, 이제 몸의 여러 반응들이 느껴질 겁니다. 화장실에 가고 싶다는 느낌이 오기 시작하면 머릿속으로 상상해 봅니다. 배설물이 꾸물꾸물 직장을 통해 내보내달라고 자유를 갈구하는 모습, 위가 꾸물꾸물 운동하면서 꼬르륵 소리를 내는 모습, 목덜미에 앉은 파리 모습 등등. 직장과 간, 방광, 위를 상상해 봅시다. 어떻게 생겼는지 몰라도 좋습니다. 상상력을 발휘해 봅시다.

▶ 최대한 설명하고 설득하기

'아, 진짜 배고파'가 아니라 '지금 배가 고파서 위가 상하좌우로 요동치며 소리 지르고 있어'로 발전시켜 봅니다. 느낀 그대로를 묘사해 보는 연습입니다. 언어가 반응을 지배하도록 두는 것이 아니라, 반응을 언어로 표현합니다. 원래의 사고 과정을 회복하는 것이죠.

위의 과정은 날 잡고 다짐하며 실행하는 것이 아닙니다. 순간순간 예민해지는 연습이 필요합니다. '아, 배고파!' 말하기 전에 잠깐 입을 다무는 것이죠. 언어를 미리 꺼내놓지 않는 것은 매우 중요합니다. 물론 사람마다 예민함의 정도가 다르기 때문에, 아무리 눈 감고 느껴보려고 해도 도무지 다리 간지러운 거 빼곤 모르겠다는 분도 있을 겁니다.

만약 본인이 그런 걸 잘 못 느끼겠다면, 끄적이며 그림을 그려보는 방법을 추천합니다. 내가 지금 배고픈 모습을 그림을 통해 표현해 보는 것이죠. 잘 그리지 말고 대충 그려야 합니다. 우리의 주목적은 작품을 만드는 게 아니라, 나의 감각을 깨우고 이를 다양한 표현 방식으로 드러내는 것이기 때문입니다.

무슨 종교 의식 같은 위의 세 단계는 제가 디자인 영감을 떠올리거나 글을 쓸 때 사용하는 방법이기도 합니다. 이미지를 먼저 떠올리고 장면을 만든 뒤 이를 언어화시키는 것이죠. 이미지 트레이닝과 비슷한 느낌이지만, 좀 더 표현의 자유가 있다는 점이 다르겠습니다. 이는 꽤나 효과적이었습니다. 처음엔 배고픈 게 배고픈 거지 뭐가 더 느껴진다는 건가 싶었지만, 몇 번 해보니 배고픔에도 과정이 있고 요동치는 배의 느낌도 단계별로 다르다는 사실을 깨닫게 되었습니다. 배고픔을 표현할 수 있는 언어도 훨씬 많아졌습니다.

이 과정은 지금껏 1천 단어도 되지 않는 언어에 갇혀 있던 의식을 자유롭게 해방시키는 일입니다. 다양한 표현 방식과 상상력을 되살리는 것이죠. 어려서 못해먹겠다 싶은 게 정상입니다. 지금껏 한 번도 제대로 해본 적도 없고, 사실 이거 안 해도 잘 살아왔습니다. 하지만 우리는 생각을 돈 받고 팔고 싶습니다. 매력적인 상품을 만드는 게 쉬운 과정은 아닙니다. 조금만 연습해 보면 색다른 세계를 느끼실 수 있을 겁니다. 조금만 집중해 보세요. 화이팅입니다.

떠오른 생각에 불 지피기

■ '그냥'을
■ '기발하게'

"하아, 이거 삼각형을 활용해서 로고를 만들어달라고 하는데 하나도 안 떠올라요."

"삼각형?"

"네. 뭔가 예쁜 느낌의 삼각형을 활용하고 싶은데 고민이에요. 레퍼런스 찾아봐도 다 비슷비슷하기만 하고, 딱 이거에 맞는 건 없어서…"

"기준 삼각형을 잡아봤어?"

"기준 삼각형이요?"

"일단 레이아웃 짤 때 여러 도형을 적용해 볼 수 있는데, 변형하기 위해선 기본 도형이 있어야지. 그 예전에 한옥의 추녀 길이 재거나 팔각정 만들 때 구고현勾股弦법이란 걸 썼었거든. 직각삼각형의 비율을 활용해서 삼각비를 내는 건데 고등학교 때 배웠던 피타고라스 정리랑 살짝 비슷해. 삼각형 레이아웃을 예쁘고 만들고 싶으면 밑변과 빗변 사이의 각이 중요하니까 일단 60도 기준으로 빗변을 만들어서…"

"와… 도대체 이런 걸 어떻게 생각해내요?"

"잉? 몰라. 나도 어디서 들은 거야. 아, 그리고 이 옆에 부분, 이건 다 됐어?"

"이것도 어색하긴 한데, 일단 박스 회사니까 박스 느낌을… 최대한 주고 싶은데 다들 둥글둥글해서…"

"뭐, 약간 컴퓨터 활자 같은 느낌을 살리면 각을 줘도 나쁘진 않을 것 같은데. 오! 이거 봐봐. B하고 C를 앞글자만 따서 이런 식으로 연결하면 정육면체 실루엣을 만들 수 있을 것 같아."

"헐… 대박 천재 아니에요?"

종종 이런 대박 천재가 있습니다. 한두 번쯤 영접해 보셨을 겁니다. 조용히 뭔가를 보고 있다가 '이렇게 해보면 어때?'라

고 말하는데 그게 아주 찰떡같이 정답일 경우라든가, 무릎을
치는 기발한 경우죠. '도대체 저런 생각은 어떻게 하면 나오는
걸까' 싶을 정도로 신박한 아이디어들 말입니다. 이런 생각을
만들기 위해선 어떻게 해야 하는지 두 가지 특징을 먼저 살펴
보겠습니다.

▶ 편견을 넘되 목적에서 멀지 않게

일단 그들은 우리가 넘지 않는 울타리를 넘는 사람들일 경
우가 높습니다. 누구나 '이런 건 어때?'라고 아이디어를 꺼낼
수는 있습니다. 행동하는 모습도 비슷할 수 있죠. 하지만 무릎
을 치게 만드는 아이디어와 이마를 짚게 하는 무리수는 다릅
니다. 번뜩이는 아이디어의 능력자들을 앞으로 '생각 장인'이
라고 명명하겠습니다. 생각 장인들은 세 가지 특징을 지니고
있습니다.

  – 재수 없을 정도로 아무렇지 않게 아이디어를 던진다.

  – 근데 그게 사람의 어딘가에 종소리를 만든다

  – '에이 뭘…' 하면서 유유히 사라진다.

우스갯소리처럼 보이는 위의 특징들에서 우린 한 가지 단서를 발견해야 합니다. 그냥 그를 천상계 사람이나 아이디어 신내림을 받은 존재로 치부해선 안 됩니다. 그의 행동은 '체화'된 것이죠. 맞습니다. 생각은 억지로 끌어낼수록 핀트가 어긋납니다. 잠시 이 부분을 설명해 보죠.

생각과 말은 서로 순환 관계에 있습니다. 생각이 말을 만들지만, 자신의 입으로 내뱉은 말에 계속 자극을 받아 생각하게 되기도 합니다. 생각이 말을 유도하지만, 내뱉은 말을 다시 청각 정보로 인식하면서 재현되고 반복, 강화되죠. '바람'이란 단어를 내뱉자마자 생각은 '바람'에 갇히기 시작합니다. 잘 알려진 '프레임 이론'의 권위자 미국 UC버클리대 조지 레이코프George Lakoff 교수는 '프레임은 각각의 단어가 아니라 그 단어가 활성화하는 사고 체계로 작동한다'고 언급했습니다.

생각 장인의 생각은 특정한 프레임이 갇히지 않도록 계속 단어를 연상하고 확장해 나간다는 점이 특징입니다. 우리가 당연하다고 생각하는 프레임의 벽을 넘어 전혀 새로운 외계물질을 가져오는 느낌이죠.

◗ 맥락과 상식과의 연결고리

처한 상황과 주제를, 사람들이 생각하는 것과 접점을 가질 수 있도록 연결합니다. 쉽게 말해 언어 능력이죠. 말을 하든 글을 쓰든 앞 문장과 너무 동떨어진 이야기나 단어를 써서는 안 되는 것처럼, 맥락에 맞는 다양한 표현과 단어를 구사하는 것이 좋은 글을 만듭니다.

사고방식도 똑같습니다. 생각 장인들은 주어진 안건의 맥락을 이해하고 있습니다. 프레임 밖에서 재료를 가져올 때 얼마만큼의 거리를 지키며 가져와야 할지 알고 있습니다. 너무 멀리 떨어진 곳에서 가져오는 특산물을 우린 무리수라고 부릅니다. 비유를 하자면 등불 아래 가려진 정도, 엄마가 소파를 살짝 밀치면 내가 찾던 것이 갑자기 나오는 경우, 계속 봐도 없었는데 누군가는 '여기 있잖아' 하고 탁 짚어내는 경우. 딱 이 정도가 우리가 놀라며 무릎을 치는 지점이죠.

또 하나, 생각 장인들은 거리감을 유지하면서도 색다른 상식들을 접목시킵니다. 친구와 경복궁을 거닐면서도 통인시장 쪽 돌담에 얽힌 이야기를 쿨하게 풀어내는 능력이랄까요. 새벽 지리산에서 보이는 별들을 보며 백조자리를 찾아내고 그 중앙에 놓인 블랙홀에 대해 주절주절 풀어놓는가 하면, 길가의 들풀 이름을 알고 있는데 심지어 그 유래를 이장님마냥 소개해 주는 그런 매력들 말입니다. 상식의 차이가 다르죠. 이들은 특수한 연료를 태워 조합하는 생각 엔진을 지니고 있습니다. 그 연료가 무엇인지 알아보겠습니다.

▶ 한 단어에 연관된 다섯 가지 상식

바람을 예를 들어보겠습니다. 바람에 연관된 다섯 가지 정도의 상식들을 모아봅시다. 바람이라는 단어의 어원, 최대풍속의 바람이 불었던 기록, 신화 속 바람의 요정, 바람이 부는 과학적 원리, 바람이 불지 않을 때의 변화.

다섯 가지로 규정한 데 특별한 이유가 있는 것은 아닙니다. 열 가지면 더욱 좋겠지만 힘드니까 줄인 겁니다. 적어도 괜찮습니다. 하나의 단어가 지닌 여러 속성에 대해 동시에 이해해 본다는 것이 중요합니다. 특히 자기 분야가 아닐수록 더욱 좋습니다. 만약 당신이 개발자거나 디자이너라면 그 이외의 영역(육아, 건강, 물리, 화학, 생물, 역사, 철학, 경제)을 공부해 보면 더 좋겠습니다.

▶ 따로 놀던 상식들이 이어질 때

다섯 가지를 단편적으로 알고 있는 것도 좋습니다만, 한번 연결해서 생각해 봅시다. 태풍에 이름을 붙이는 이유와 역대급 태풍의 풍속, 태풍이 부는 원리와 경제적 피해를 산출하는 근거 등으로 한 묶음을 지어보는 것이죠. 바람의 어원과 신화 속 상징물. 상징물은 어떻게 기호화가 되었는지, 이것이 적용된 디자인은 어떤 것들이 있는지. 바람을 표현한 예술작품과 예술가들. 이렇게 한 묶음도 가능하겠죠. 이처럼 다양한 정보 사이의 연관성을 파악해 보는 것입니다.

심오하게 들어가지 않아도 됩니다. 대략 알고만 있어도 자세한 정보는 나중에 찾아볼 수 있으니까요. 어렴풋하게라도 몇 가지 사실들을 기억하고 있는 것이 더 중요합니다.

▶ 예민한 성격과 관찰력

기민한 눈을 지니기 위해선 사소한 것들을 눈에 담을 수 있는 관찰력이 필요합니다. 이는 쉬이 길러지는 능력은 아닙니다. 하다못해 전신주에 붙어 있던 임대료도 슬쩍 눈에 담을 수 있어야 하니까요. 나와 관계가 없어 보여도 일단 머릿속에 담아두려 노력해 봅시다. 양이 질을 만들어냅니다. 아이들이 끊임없이 새로운 생각을 할 수 있는 것은 모든 것을 받아들이기 때문입니다. 아이들은 버스만 타도 궁금한 게 넘쳐납니다. "저건 왜 소리가 나? 문은 왜 치익! 거려? 왜 사람들은 뒷문으로 타? 여긴 왜 나사가 있어?" 소재가 많아야 생각의 밀도가 높아지고 충돌을 만들 수 있습니다. 그래야 융합도 하고 분열도 하고 사건도 일어나죠.

예민하고 불만이 많은 성격이라면 이 또한 좋은 자원이 될수 있음을 기억합시다. 이는 생각을 불태우는 연료가 되기 때문입니다. 전 불만이 올라오면 글을 쓰곤 하는데, 빡침이 글에 고스란히 묻어나서 생동감 넘치는 콘텐츠가 되기도 합니다.

예민함을 스트레스가 아닌 질문과 호기심으로 바꾸라는 지나친 긍정적 뜬구름 멘트는 하지 않겠습니다. 스트레스는 당연히 모두가 받습니다. 위장도 상하고 마음도 힘들죠. 예민함은 내가 결정한다고 길러지는 게 아닙니다. 타고난 성향이죠. 힘든 걸 힘들지 말라고 말할 순 없습니다. 대신 그 과정의 끝을 어떻게 맺을지는 스스로 결정할 수 있습니다.

화났던 부분, 신경 쓰였던 부분들을 그냥 넘기지 말고 차곡차곡 쌓아봅시다. 이것은 스스로에게 물음표를 제공합니다. '도대체 저 인간은 왜 저러지?'라는 근본적인 생각의 씨앗이자, 강력한 연료가 됩니다.

씹고 뜯고 써보고 께고

■ 내 머릿속은
■ 내가 정리한다

돼지고기, 그중에서도 통삼겹살 먹어봤나요? 혹시 자르지 않고 씹어본 적이 있나요? 흥미로운 경험이겠죠? 제 아무리 맛있는 흑돼지 바비큐도 팔뚝 크기라면 한입에 먹을 순 없습니다. 가위로 먹기 좋게 자르고 그걸 다시 앞니로 자른 다음 어금니로 잘게 씹어 삼켜야 합니다.

기억도 마찬가지입니다. 지금 창문 밖의 풍경을 3초간 바라본 후 책으로 다시 돌아와보세요. 무엇이 있었는지 떠올려보세요. 네다섯 가지 정도가 떠오르실 겁니다. 실제로 우리가 관찰했던 요소들은 수십, 수백 가지에 이를 텐데 말이죠. 뇌는 기억의 우선순위를 결정합니다. 그다음 그 기억들을 분류하고 연결하죠. 이 과정이 잘 훈련되어 있는 사람에겐 상당히 매력적인 능력이 탄생합니다.

생각을 팔아서 돈을 벌자고 말하면 대부분은 '아이디어'부터 떠올리곤 합니다. 새로움을 만들어내는 것이 생각의 본질이라고 여기기 때문이죠. 새로움만큼이나 매력적인 능력은 정리정돈입니다. 새로운 생각은 상대방에게 짜릿함을 주고, 정리된 생각은 통쾌함을 만듭니다. 묵은 체증을 없애주고 사이다 같은 청량함을 선사해 주죠. 게다가 간단히 자기 생각을 정리해 주고 쿨하게 일어서는 사람의 모습은 상당한 멋짐을 자아냅니다. 제 주변에도 그런 신비한 존재들이 몇 있는데, 아이디어를 쏟아내는 사람보다 그들에게 우선적으로 돈을 내게 되더군요. 상당한 가치가 있는 능력입니다.

대표님들의 머릿속은 늘 혼돈의 도떼기시장 느낌입니다. '정리'에 대한 욕구가 항상 존재하죠. 스스로 할 수도 있겠지만, 워낙 많은 일이 혼재되어 있어 쉽진 않습니다. 대표님의 머릿속이 잘 정리가 되지 않으면

- 어제 한 얘기 뒤엎기

- 한 말 또 하기

- 말로 세상을 구하기

- 정리가 안 된다고 짜증내기

- 회의성애자

등의 증상이 생깁니다. 많이들 겪어봤으리라 생각합니다. 자신의 머릿속이 복잡할 땐

- 일 꼬이게 하고 결과물 망치기

- 메일과 전화로 말실수하기

- 속도가 느려지고 표정은 어두워지기

- 자신의 적성과 미래에 관해 고민하기

- 스트레스성 위장장애와 원형탈모

등의 사태가 발생하죠. 생각을 깔끔하게 정리한다는 건 결국 일의 효율과 자신감을 높이고 상대방에게 극한의 치유 능력을 부여하는 것과 같습니다. 어떻게 생각을 정리할 수 있을까요? 이때 쪼개기와 연결하기가 가장 좋은 도구입니다. 일단 쪼개기부터 시작해 봅시다.

▶ 생각은 글로 적어서 뜯어본다

제가 지금 이 책을 쓰는 이유와 브런치에 자꾸 생각을 정리해 목록을 만들어 놓는 이유는 모두 같습니다. 확인하기 위해서죠. 생각은 물줄기 같아서 흐름, 결이 존재합니다. 그러나 우리 시선은 전체에 고정되어 있지 않습니다. 그건 에너지 소모가 매우 심한 일이니까요. 대부분은 강물에 떠내려온 낙엽만을 관찰합니다. 어느덧 상류의 모습과 원천에 대한 기억은 잊어버리죠. 생각이 생기는 때는 대체로 고민과 아이디어, 어떤 의견과 주장이 생겼을 때죠. 우린 최종적으로 머릿속에 구체화된 명제만을 계속 떠올립니다.

이럴 땐 생각을 글로 적어보는 것이 중요합니다. 일단 이 귀찮고 손 아픈 작업은 세 가지의 꿀팁을 줍니다. 우선 가장 단순하게는 생각의 오류와 주술관계 호응, 논리성 파악 등 표면적인 부분을 다듬을 수 있게 만듭니다. 생각은 매우 불안정한 분자 상태입니다. 이는 흔들리는 불과 비슷해 형태가 분명 있는 것 같아 보이지만 딱히 형태가 있는 것도 아니고, 모두 흩어질 것 같지만 모여 있는 상태입니다. 끊임없이 움직이는 전기 신호이자 곧 사라질 단백질의 일시적 결합이죠. 무의식 속의 수많은 기억과 대체 정보가 생각의 빈틈을 왜곡시켜 채우고 있기에 우리는 생각을 '완벽하다'고 여길 때가 많습니다.

하지만 그 속엔 비약과 합리화, 일반화가 넘쳐나죠. 이럴 때 생각을 글이나 이미지 등으로 시각화해 보면 논리의 허점이 금세 드러납니다.

또 하나는 내가 잘 쓰는 생각의 원천을 파악할 수 있습니다. 구글이나 페이스북, 또는 유튜브나 인스타그램 등 온라인상의 콘텐츠에서 얻는 경우와 책이나 인간관계, 누군가의 행동과 말 등 오프라인의 경험에서 얻는 경우로 크게 나눌 수 있겠습니다. 더 자세히 들어가면 각각의 사이트, 모임, 사람에게서 어떤 말을 듣느냐에 따라 달라지겠죠.

생각의 재료가 되는 정보를 어디서 얻고 있는지 확인하는 것은 중요합니다. 뭔가 가짜 뉴스 같은 유튜브 영상이라든가, 얼토당토않은 소규모 커뮤니티에서 나온 자료처럼 정보의 원천이 이미 틀려 있거나, 믿기 힘든 상황이라면 그걸 바탕으로 나온 새로운 결론들도 신뢰하긴 어려울 겁니다.

마지막으론 내 사고 과정을 구체적으로 확인할 수 있습니다. 위 단계에서 생각의 원천을 확인했다면 어떻게 명제가 만들어지는지 그 과정을 찬찬히 바라봅시다. 저는 상당히 비관적이고 암울한 미래를 먼저 그리는 스타일입니다. 모든 것이 망할 것이다, 돈도 못 받을 수 있고 내일 당장 지구가 멸망할 수도 있다는 전제를 먼저 깔죠. 그리고 이런 디스토피아적 상황이 와도 진행해 볼 법한 가치가 있는 생각을 걸러내는 편입니다. 최선보단 차악을 찾아내려는 것이죠.

▶ 같은 동선 안이라면 엮어본다

같은 동선에 속한다는 것은 연관성이 있다는 것을 뜻합니다. 화장실과 샤워, 화장, 수건은 비슷한 카테고리입니다. 한 동선 안에 놓여 있죠. 하지만 침대, 회사, 점심, 스페인은 너무 동선이 멀거나 생뚱맞습니다. 한 동선 안에 키워드나 생각들을 모아놓는 이유는 '삼천포 효과'를 방지하기 위해서입니다. 삼천포 효과란 말을 하면 할수록 모든 것이 말이 되는 현상을 말합니다. 결국 본질에 대한 이야기로 결론지으면 코끼리나 부장님이나 다 같은 존재로 파악하는 것도 가능해지죠. 말이 말을 만들기 시작하면 논점이 흐려집니다. 따라서 지금 말하고 있는 게 '매일 아침 화장실에서 나온 뒤 소비자는 어떤 행동을 하는가?'에 대한 주제라면 그 동선에서 벌어지는 일만 생각해야 합니다. 갑자기 서점과 배변 활동과의 관계를 생각하거나, 장내 세균의 비율에 대해 고민하는 것은 동선이 끊긴 사고방식입니다.

▶ 나만의 공정으로 정리하기

앞에서 생각을 글로 쓰는 일은 사고 과정을 구체적으로 확인할 수 있게 해준다고 언급했습니다. 공정 역시 같은 맥락입니다. 설명 대신 제가 쓰는 방식을 예로 들어보겠습니다. 저는 주로 상대방의 말과 행동에서 재료를 얻는 편입니다. 살펴보면 다음과 같습니다.

- 일단 상대방이 자주 언급하거나 강조하는 단어를 파악한다.
- 그 앞뒤의 맥락을 이해한다.
- 상대방의 말에서 사족을 뺀다.
- 진짜 하고 싶은 말이 뭔지 간단하게 정리한다.
- 정리된 명제에 관련된 정보들을 꺼낸다.
- 내가 알던 지식과 비교해 본다.
- 오차를 만드는 요소를 파악한다.
- 해당 요소를 줄일 수 있는 방법을 이야기해 본다.

저는 제 자신을 기준으로 놓고 상대를 대조군으로 파악합니다. 옳고그름의 관점에서 보려는 의도는 아닙니다. 일단 내 생각이 A이고 상대방의 생각이 B라면 A와 B사이의 오차가 어디에서 비롯된 것인지를 고민하고 대화의 주제로 삼죠. 그렇지 않으면 접점 없이 계속 평행선을 그리는 대화가 될 것이라는 생각이 드니까요.

이처럼 내가 대화하거나 생각을 떠올리는 방식을 대강이라도 정리해 봅시다. 겪어보지 못했던 흥미진진한 경험을 할 수 있을 겁니다. 물론 제 방식이 정답은 아닙니다. 알고 있는 지식과 명제를 기준으로 만든 것이기 때문에 그날의 기분에 따라 아집이 될 수도 있고, 지극히 열등감에 시달릴 수도 있는 위험한 방법입니다. 각자가 각자만의 방식을 정리해 보면 됩니다.

▶ 아는 단어에 자주 쓰는 의미 붙이기

단어에 정의를 내리는 건 정말 중요한 일입니다. 이 부분은 별표 세 개 쳐놓고 자주 살펴보시길 바랍니다. 본인이 알고 있거나 쓰고 있는 수많은 개념어, 추상어를 비롯해 일반적으로 사람들이 잘 인지하고 있다고 생각하는 단어들까지 그 정의에 대해 다시 찾아보고 또는 스스로 규정해 놓는 습관을 길러보시길 권장합니다.

사랑이란? 행복이란? 인생이란? 가치란? 일이란? 직업이란? 등등 철학적이고 어려운 주제라고 피하지 말고 본인만의 정의를 반드시 내려보길 바랍니다. 이 정의는 언제든 바뀔 수

있습니다. 절대적인 것도 아닐뿐더러 남들의 시선을 의식할
필요도 없습니다. 지금 이 순간 당신의 세상을 규정해 보는 것
일 뿐입니다.

무적의 논리는
방패가 된다

■ 칼 같은 상대의
■ 반대 막아내기

생각을 모으고, 분류한 다음 마지막으로 해야 할 일은 논리를 부여하는 일입니다. 이때부턴 상대방에게 말할 수 있을 만큼의 완성된 생각을 만들어야 합니다. 이제 혼자 머릿속으로 정리하는 방법부터 논리적으로 잘 말하는 방법까지 간략히 소개해 보겠습니다.

일단 논리라는 것은 매우 광범위한 개념입니다. 보통의 경우, 논리는 대전제가 있습니다. 우리가 말하려는 생각은 절대 원칙이 아닌 상대방의 욕망에 근거한 것들이기 때문에 여기에

선 간단히 '맥락에 맞는 생각' 정도로 정의하겠습니다. 카테고
리별로 나눈 생각들은 각각 서랍에 들어가 있는 상태입니다.
옷장에 비유를 해보겠습니다. 오늘은 당신이 태어나서 처음으
로 소개팅을 하는 날입니다. 와, 신나겠죠. 설레는 마음을 안고
옷장을 열어봅니다. 체크무늬 셔츠를 꺼내들었습니다. 아…
이미 불길합니다. 베이지색 면바지로 유명한 브랜드의 베이지
색 면바지를 꺼냈습니다. 흰색 단화에 백팩을 꺼내고 귀에 걸
치는 이어폰까지 장착해 보았습니다. 상황에 맞다고 생각하는
각각의 아이템을 서랍에서 꺼내 조합해 봅니다. 자, 이제 거울
을 봅시다. 띠용. 복학생이 되었습니다.

　이처럼 카테고리화를 잘하는 것과 잘 조합하는 것엔 큰 차
이가 있습니다. 서랍 정리가 잘 되어 있다고 항상 좋은 논리가
탄생하는 것은 아닙니다. 논리적으로 생각을 정리해 봅시다.

▶ 스스로 세 번 따져 묻자

　자, 일단 목적이 무엇인지를 자문해 봅시다. 생각을 처음
출발시키려면 도착하고자 하는 지향점이 존재해야 합니다. 왜
이 소재들을 꺼내서 조합해야 하는지 목적과 목표가 뚜렷해야
하죠. 소개팅이 잡혔으면 소개팅에서 무엇을 달성해야 하는지

목표를 생각해 봅시다. 상대에게 호감을 얻어야 하고, 세련되고 지적인 이미지를 주면서도 편하고 즐거운 대화를 이끌어가야 합니다. 아마 복학생 코디는 '호감' 부분에서 점수를 잃을 것 같습니다. 물론 상대방이 그런 스타일을 매우 좋아한다면 이 또한 최적의 코디가 될 수 있겠죠. 이것이 보통의 논리와 맥락의 차이점입니다.

두 번째는 상대방이 무엇을 원하는지를 묻는 것입니다. 상대방은 단정하고 젠틀한 정장 차림을 좋아할 수도 있습니다. 아니면 편한 후드티를 보고 만나자마자 곱창에 소주를 기울일 수 있는 사람이라며 좋아할 수도 있죠. 맥락을 맞춘다는 것은 상대의 욕망을 파악한다는 말과 같습니다.

마지막은 나는 상대에게 무엇을 줄 수 있는지 물어봅니다. 상대방이 후드티 복장에 술 잘 마시는, 재미있는 사람을 좋아한다고 해봅시다. 일단 내 옷장에 후드티가 있어야 합니다. 술도 어느 정도 마실 줄 알아야 하고 유머감각도 있어야 하죠. 물론 이러한 조건 없이 얼굴만으로도 모든 걸 압도할 수 있습니다. 하지만 그것은 논리를 모두 깨부수는 강력한 한 방이기에 일단 접어두고 생각해 봅시다. 내가 줄 수 있는 것이 진정성이라면 부족한 유머감각을 진정성으로 대체할 수도 있습니다. 후드티가 없다면 가벼운 맨투맨티로 대체할 수도 있겠죠.

이처럼 상대방이 원하는 것이 잡힌다면 내가 꺼낼 수 있는 카드를 몇 개 선정할 수 있습니다. 이처럼 생각은 각각 하나의 패로 만들어서 어떻게 조합하느냐가 중요합니다.

▶ 반대와 저항을 피해갈 길 찾기

카드게임을 할 때도 마찬가지일 겁니다. 패를 낼 때는 두 가지를 고려해 봐야 합니다. 이것을 냈을 때와 안 냈을 때의 상황. 그리고 상대방이 내가 예상한 패를 낼 가능성과 다른 패를 낼 가능성이죠. 이때 차선책과 우회로, 플랜 B와 반대 논거의 차이점을 생각해 봐야 합니다.

차선책은 목적은 같으나 제약 사항이 있을 경우 선택하는 길입니다. 이때 시작부터 다른 길을 갈 수 있습니다. 최선책이 오른쪽 길로 가는 거라면 차선책은 왼쪽 길로 가는 것이죠.

우회로는 길을 가는 도중 장애물을 만났을 때 돌아가거나 넘어가거나 치우거나 등등을 생각해 보는 일입니다.

플랜 B는 제약 사항이 있는 것은 아니지만, A도 좋고 B도 좋은데 효율이나 비용 등 조건이 조금 달라질 때 고려해 볼 만한 또 다른 하나another의 '안'을 뜻합니다.

반대 논거는 '혹시 이 길을 안 간다면 어떤 일이 생길까?'에 대한 답입니다. 완전히 다르죠. '저희 서비스는 지금 2030을 대상으로 주로 오전에 콘텐츠를 발행하고 있습니다. 출퇴근 시간을 활용해서 볼 수 있도록 말이죠'라고 상대가 말했을 때 '타깃을 바꿔보자, 발행 시간대를 바꿔보자' 등등을 제안하는 긴 플랜 B나 우회로 등에 해당합니다. 방법론이죠. 반대논거는 근거를 만드는 과정입니다. 이런 생각을 해보는 것이죠. '대상 이 2030이 아니라면? 오전에 콘텐츠 발행하지 않는다면?'

반대 논거는 'If-not'을 설정해 보는 겁니다. 이때 등장하 는 새로운 논리들을 정리해 보는 것도 좋습니다. 발행하지 말 자고 주장하기 위해서가 아니라, 콘텐츠를 발행해야 할 이유 에 정당함을 부여하는 좋은 반증이 되는 것이죠.

▶ 논리적인 사람은 건너뛰지 않는다

'물 아래서 정신없이 발을 젓는 백조처럼 인간도 쉬지 않 고 노력해야 한다'는 논리는 사실 지나친 비약입니다. 일단 백 조는 물 아래서 정신없이 발을 젓지 않을뿐더러 백조는 백조 나름대로 살아가는 인생의 모습이 있는 것이죠. 우화는 자신 의 주장을 쉽게 혹은 매력적으로 이해시키기 위해 쓰일 뿐 논 리성을 부여하기 위해 사용되어선 안 됩니다. 이처럼 생각을 꺼내놓기 전에 이를 뒷받침할 보조관념들에 정당성이 있는지 먼저 확인해 봐야 합니다.

섣불리 튀어나올 법한 생각을 바로잡는 세 가지 질문을 통해, 적절한 '생각 패'들을 꺼내고 묶어봤습니다. 이제 상대방에게 타이밍 좋게 잘 꺼내어 내보일 시간입니다. 어떤 말부터 꺼내 운을 떼는 게 좋을까요? 소통 기술과 관련된 수많은 책들이 말하고 있는 내용은 생략하고, 생각을 지적 매력이 넘치면서도 간결하게 전달하는 법을 말씀드리겠습니다.

① 찌푸린 미간과 심사숙고하는 표정

'아, 맞다! 저 그거 생각났는데!'라고 말하지 않습니다. 실제로 그랬어도 그렇게 말하지 맙시다. 나의 발언 순서가 돌아올 때까지 신중히 패를 고르며 생각에 잠긴 로댕의 작품처럼 잠시 고뇌하는 표정을 짓습니다. 이러한 작은 제스처는 후에 나올 이야기에 무게감을 더해줍니다. 언급한 이야기가 그냥 즉흥적으로 나온 가벼운 아이디어가 아니란 점을 은근히 내비치는 것이죠.

② 되묻기로 굳히기

주장을 할 땐 이에 대한 정확한 전제를 깔아야 합니다. 일단 질문으로 시작하는 것이 좋습니다. 상대방이 '그건 아닌데요?'라고 해버리면 역효과가 날 수 있으므로 다음과 같이 말해봅시다.

'그럼 이걸 좀 정리해 보겠습니다. 제가 이해한 내용을 간략히 세 가지로 요약할 테니 혹시 해당 의견과 다른 점이 있다고 생각되면 바로잡아 주세요.'

이처럼 전제에 대한 상호간의 동의 과정이 있어야 유리합니다. 세 가지를 말했는데 '오, 맞습니다. 제대로 이해하셨네요'라고 대꾸가 왔다면 그걸로 된 겁니다. 이제 시작해도 됩니다. 아까 이야기한 것들에 대한 의문점을 하나씩 제기하는 것만으로도 뭔가 분위기가 내 쪽으로 넘어오는 것을 느낄 수 있습니다. 물론 이는 협상이나 회의를 해야 하는 동등한 위치의 상대를 대상으로 한 것입니다. 인턴이나 1년 차 신입이 회의 시간에 진지하고 날카로운 소크라테스가 되는 건 좀 위험한 일입니다.

이럴 때 질문보다는 각 요소에 대한 자신의 의견을 '객관적 자료와 함께' 피력하는 것이 좋습니다. 그냥 무턱대고 주장하면 연차에서 꿀립니다. 내가 뭔 말만 하면 옆자리 김 과장님이 반박을 해온다고 상상해 봅시다. 김 과장님은 **B**사를 매우 좋아합니다. 그렇다면 **B**사의 데이터를 들어줍시다. 특히 김 과장님이 이전에 말했던 말을 역이용해 주면 더욱 좋습니다. 방해 세력의 입을 닫아놓으면 이후 꺼낼 카드들을 효율적으로 움직일 수 있습니다. 장기를 둘 때 상대방 차車를 포包로 잡아놓는 것과 같은 이치입니다.

보통 사람들은 자신들이 정확하게 말한다고 생각하지만 그렇지 않습니다. 앞서 설명했듯 대부분은 물에 떠내려온 낙엽을 이야기하죠. 그게 어디서 시작되었는지 이미 기억 속에서 사라졌습니다. 토론할 때 상대방의 말을 경청하란 이야기는 착한 사람이 되라는 의도가 아닙니다. 상대의 말 속에서 허점들을 찾으란 것이죠.

③ 주장에 근거를 집중시키기

보통 한국 사람들은 세 가지로 쪼개서 말해주면 좋아한단 주장이 있습니다. 맞는 말입니다. 인지심리학에서 흔히 얘기하는 '3의 법칙'이죠. 군중이 인식하는 최소 범위의 숫자이기 때문입니다. 균형과 지성을 나타내는 홀수의 특징이기도 합니다. 다만 늘 세 가지만 애용하는 건 능사가 아닙니다. 주장은 하나로 압축시켜야 합니다. 근거가 세 가지여야 하죠. 소실점 없이 늘어놓기만 한다면 오히려 지루함만 더할 뿐입니다. 그리고 세 가지 근거가 다 고만고만해선 안 됩니다. x, y, z축이 정확히 나뉘어져 있어야 원하는 소실점(주장)에 힘을 실어줄 수 있습니다.

앱 서비스를 런칭하는 담당자의 상황을 예로 들어봅시다. 당신은 다섯 개의 가입 절차를 두 개의 화면으로 줄이자고 주장하고 싶습니다. 아주 타당성 있는 명확한 주장이죠. 일단 x축인 소비자 입장, y축의 제작자 입장, z축의 개발자 입장으로 나누어 봅니다. 가장 먼저 소비자들의 일반적인 가입 절차 행동 양식을 언급하고, 그다음으로는 문제가 발생했을 때 이를 처리해야 할 우리의 자원에 대해 설명합니다. 마지막으로 해당 방식이 최근 앱 디자인과 UX 트렌드 호환성 측면에서 유리하다는 점을 제기합니다. 이처럼 세 가지 측면의 정당성을 동시에 주장해 주면 신빙성 높고 균형 잡힌 주장을 만들 수 있습니다.

다른 애들과는
다르게

■ 사고 싶어지는
■ 차별성을 가져라

논리는 설득을 위해 갖춰야 할 최소한의 조건을 뜻합니다. 맥락에 맞는 말을 만드는 과정이죠. 이번엔 상대의 욕망과 나의 욕망을 정리하는 단계로, 이젠 전에 없던 새롭고 신선한 아이디어를 만들어볼 차례입니다. 이 파트는 타고남의 영향이 큰 영역이기도 합니다. 좌절을 드리려는 의도는 아닙니다. 이는 신선한 아이디어를 짜내는 특정한 공식이 존재하는 것은 아니란 뜻입니다. 창의적인 생각을 위한 각자만의 비법이 있습니다. 먼저 개인적으로 타율이 좋았던 제 비법 몇 가지를 꺼내 보여드리겠습니다.

▶ 마치 오랫동안 바라고 원한 것처럼

욕망은 '느낌'입니다. 끊임없이 구체화될 대상을 찾아 헤매죠. 귀신처럼 자세히 느끼고 싶은 대상을 찾으면 재빨리 빙의해서 마치 자신이 원했던 것처럼 사람을 움직입니다. 그저 배가 고팠던 건데, 마침 **TV**에서 아귀찜이 나오면 원래부터 아귀찜이 먹고 싶었던 거라고 느껴지는 것처럼 말입니다. 사실 모두 저런 기분이 들게 만드는 빙의체를 쏠 수 있습니다. 이는 공감대를 이끌어내고 '아, 바로 이것이다!'라며 무릎을 치게 만듭니다. 신선함이 꼭 세상에 없던 것을 가리키지는 않습니다. 모두 알고 있지만 명확하게 말하기 힘든 대상을 정의해 주는 것도 신선함이죠.

▶ 남이 해서 더 배 아픈 느낌

대부분의 사람은 일상적인 흐름에서 크게 벗어나지 않는 삶을 살아갑니다. 이런 일상 속에 적절한 크기의 물결을 선사하는 일은 흥미진진함을 만들어줍니다. 이는 꼭 생각이 아니라 사람과의 만남에서도 마찬가지죠. 아이디어를 내세울 때 당신이 신입이라면 더더욱 좋습니다. 게다가 캐릭터가 확고하다면 더더욱 굉장하죠. 같은 아이디어라도 '저 사람이 하면 완전 신기할 것 같아'라는 느낌을 주는 것 또한 신선함입니다.

▶ 기회는 타이밍

소불고기가 뭐 그리 대단한 음식인가 싶지만 이것도 10분간 한정 세일이 붙게 되면 말이 달라집니다. 시간과 수량의 한계가 이미 정해져 있는 불고기를 마트 안에서 무엇보다 가치 있게 만들어주죠. 한가위 한정, 입학 시즌 한정, 선착순 한정, 소진 시까지. 마침 어떤 제품이 등장하는 그 시점이 아니면 못 할 아이디어를 만들어봅시다. 한정된 시간이 당신의 아이디어에 가치를 더해줄 수 있습니다.

▶ 익숙한 주제를 전혀 새로 보게끔

신선함은 사람들이 잘 몰랐던 새로운 정보에서도 발현됩니다. 이는 이과 감성 등 과학적 진실뿐 아니라 잊힌 과거의 역사 지식에서도 비롯되죠. 특히 역사성을 부여할 때 생기는 신비로움과 이유 모를 맹목적 정당성은 과거의 유산을 받아 살고 있는 우리들에겐 꽤나 묵직하게 다가옵니다. 역사 공부 열심히 해놓으세요. 그래야 '세상 잘생긴 정조대왕 팬클럽 모집합니다'와 같은 신선한 카피를 만들 수 있습니다.

▶ 자신의 진심에 진지하게 덤벼보기

소크라테스가 되어보란 조언이 아닙니다. 회사가 원래 지니고 있던 본질적인 존재 이유와 우리가 하는 일의 철학을 되새겨보란 이야기입니다. 얼마 전 벤츠의 회장이었던 디터 제체Dieter Zetsche의 은퇴가 있었습니다. BMW는 경쟁사임에도 불구하고 그를 위한 헌정 영상을 제작했죠(2019년 5월). 사람들의 반응은 박수 짝짝이었습니다. 'BMW가 참 일 잘한다, 재밌게 푼다, 이게 선의의 경쟁이구나'라며 화제가 되었죠. 물론 제작은 독일의 광고 에이전시에서 진행했지만, 그 기획을 흔쾌히 수락한 BMW의 용기 또한 엄청난 발상이라고 생각합니다.

이 광고의 신선함은 딱 하나에서 시작됩니다. '우린 치고 박고 싸우며 서로를 난도질하는 존재가 아니라, 모두가 자기 영역에서 최선을 다하는 프로들이다.' 일에 대해 갖고 있는 철학에서 시작된 발상이죠.

▶ 섬세한 사람의 살뜰한 배려처럼

한자리에 모인 사람들이 화장실 갈 때 남의 허벅지를 비집고 가지 않게 하려면 적당한 구간으로 좌석을 쪼개는 것이 중요합니다. 맥주를 쏟지 않으려면 맥주를 가지러 가는 동선을 관객들 뒤쪽으로 설정해야 하죠. 노란 조명이 비치는 곳에 노란색 포스터를 쓰는 것은 좋지 않습니다. 추석 때 방문하는 고객들을 명절 인사로 맞이하는 것은 은근한 재미를 선사합니다. 휘귀집에서 머리끈을 제공하는 것은 아주 작지만 놀라운 배려죠. 아차, 싶었던 것을 미리 챙겨주는 디테일에서 우린 탄성을 지릅니다.

▶ 감각을 깨우면 편견은 깨진다

카페가 꼭 예뻐야 할까? 아예 보이지 않는다면 어떨까? 소리로만 서로를 인식하고 느낄 수 있는 카페는 어떨까? 그래서 불을 꺼버리고 소리와 촉각으로만 입장할 수 있는 블라인드 카페가 탄생했습니다. 음식을 꼭 입으로만 맛봐야 하나? 화끈한 불쇼를 주방에서 보여주면 재밌지 않을까? 그래서 고기 굽는 화로에 불을 화악 붙이기도 하고 현란한 손놀림으로 철판 위에서 볶음밥을 만들어주기도 합니다. 음식은 먹는 것, 미술은 보는 것, 음악은 듣는 것이라는 생각에서 낯설어져 봅시다. 이처럼 흔히 알고 있던 감각의 고정관념을 깨버리는 시도는 놀라운 경험을 선사합니다.

▶ 인적 많은 곳 인지하기

아이디어를 얻는 방법 중 제가 제일 좋아하는 것은, 사람이 모이는 곳으로 향하는 일입니다. 사람들이 모여 있는 곳에 가보는 것이죠. 도대체 저 사람들은 왜, 무엇을 얻기 위해 모여 있는 걸까? 그래서 힘들고 귀찮아도 이제 막 개업한 가게나 소문이 자자한 맛집, 줄을 서서 들어가는 카페에 한 번쯤 기웃거려봅니다. 그런 다음 사람들의 입에서 무슨 소리가 나오는지 찬찬히 들어보고 옵니다. 사람을 관찰하고 싶다면 모여 있는 곳에 가봅시다.

▶ 구석과 구역의 특징, 로컬라이징

이해하기 편하게 '로컬라이징'이라는 단어로 표현했습니다만 이는 꼭 지역에만 국한하지 않습니다. 성별, 연령, 소비자 특징, 지역, 기후 등등 다양하게 세분화된 특성을 최대한 타깃에 맞게 반영하는 것을 의미합니다. 일례로 '비트바이트'라는 키보드 서비스 업체에서는 '플레이키보드'라는 모바일 키보드 스킨을 개발했습니다. 연예인이나 캐릭터 사진이 키보드 바닥에 쭉 깔리는 형태입니다. 하지만 어떤 스킨은 키보드 자판이 잘 보이지도 않습니다. 의아했습니다. 예쁘긴 한데 ㅏ, ㅑ, ㅓ, ㅕ도 잘 보이지 않는 키보드가 소용이 있을까? 쓸모없는 걱정이었습니다. 이미 키보드가 익숙한 10대는 굳이 표시가 있어야 할 필요가 없었던 것이죠. 다 외우고 있으니까요. 맙소사. 아재가 되어버린 30대 중반의 사고방식이 얼마나 편협하고 이론 중심적이었는지 무릎을 털썩 꿇고 말았습니다. 신선함은 관찰에서 비롯됩니다.

▶ 소수의 큰 힘을 까먹지 말 것

'오이를 싫어하는 사람들의 모임'에 10만 명이나 몰릴 줄 누가 알았을까요? 싫어하는 모임이 생겨나니 덩달아 좋아하는 사람들의 모임도 생겨나더군요. L사 햄버거를 싫어하는 사람들의 모임도 있습니다. 6만 명에 달하는 상당한 규모입니다.

여기서 말하는 소수는 '소수의 취향'을 뜻합니다. 매니악하다는 평을 듣거나, 부먹찍먹 싸움에서 패배한 부먹팀에 대한 응원을 의미합니다. 이미 다수의 취향으로 인정받은 바삭한 튀김을 응원해 봐야 사람들의 반응은 별로 놀랍지 않습니다. 그것은 모두가 인정하고 있는 것이니까요. '눅눅한 튀김도 맛있다!'를 외쳐야 시무룩했던 눅눅한 튀김파 사람들이 좋아서 춤을 출 게 아니겠습니까.

▶ 탈규칙도 아이디어가 된다

세상이 정한 규칙에 모두 따라 맞출 필요는 없습니다. 광고가 반드시 15초일 필요가 있을까요? 새로운 규칙을 만들고 거기에 맥락을 부여하고 지속해 주면 될 일입니다. 물론 광고주의 승낙을 받기 위해선 맥락을 잘 설명해야겠죠. 온라인 쇼핑몰 SSG 광고의 특이한 말투는 처음엔 '대체 저게 뭘까' 싶었지만 많은 사람이 저게 무슨 말인지 곰곰이 생각하고 자꾸 찾아보게 되었습니다. 전에 소셜커머스 업체 티몬에도 비슷한 광고가 있었습니다. '몬소리야체'였죠.

소설이 꼭 진지하고 깊은 감성을 묘사해야 할 필요는 없습니다. 새로운 개념의 소설을 써볼 수도 있습니다. 최근 SNS에서 엄청난 화제가 되었던 장류진 작가의 〈일의 기쁨과 슬픔〉은 A4용지 12장 정도에 불과한 단편소설이었고, 기존의 소설과는 다르게 스타트업에서 쓰는 용어가 가득했으며 실제 지역을 모티브로 만들어졌습니다. 울타리가 튼튼할수록 생각은 자유로워집니다. 스스로 절대 넘지 말아야 할 도덕/예산/금기사항의 틀을 명확하게 규정해 봅시다. 그 안에서 가능한 모든 방법들을 동원해 고민하면 됩니다.

▶ 무리수 내에서 상상 밖의 조합을

일전에 **CS**Customer Satisfaction를 강의하던 분의 신박한 커리큘럼을 본 적이 있습니다. 어떤 메뉴를 시켜야 거래처와 가장 행복한 미팅을 만들 수 있는지 치킨집별로 정리한 것이었죠. 일단 키워드부터 엄청나지 않습니까? 의외성은 무리수와 뜬금포의 리스크가 있습니다. 하지만 클라이언트와 자주 맥주 한잔 하는 영업직들에겐 너무 웃기고 와닿는 소재였던 것이죠.

무조건 거리감 있는 두 대상을 연결시키는 게 장땡이 아닙니다. 그들의 동선을 고려해야 합니다. 동선 안에 있는 것들 중 생각지 못했던 것을 끄집어내는 것이죠.

▶ 예쁨과 귀여움은 프리패스

예쁘고 귀여운 것의 힘은 막강합니다. 지금은 어엿하고 예쁜 성견이 된 셀럽견 '절미'가 처음 등장했을 때의 파급 효과는 엄청났습니다. 절미가 주인을 만나게 된 사연과 각별하고 따뜻한 주인의 마음이 잘 결합된 영향이 깄지만, 일단 그런 걸 둘째 치더라도 절미는 귀여웠습니다. 귀여움의 힘은 폭발적이죠.

반면 처음엔 그렇지 않았는데 자꾸 보니 귀여워서 화제가 된 캐릭터도 있습니다. 카이스트의 넙죽이(심지어 이름조차도 학생들이 붙인 예명)가 그런 예죠. 처음엔 1억 5천만 원이나 들여 만든 캐릭터라는 게 믿기지 않아 공분을 샀습니다. 마구 밈MEME이 만들어지고 조롱을 받기도 했죠. 학교 측에선 이를 철회하고 새로운 캐릭터를 만들겠다고 했지만, 무슨 일인지 학생들은 철회에 반대하기 시작했고 넙죽이를 돌려내라는 의견이 이어졌습니다. 결국 넙죽이는 카이스트 공식 마스코트로 채택되었죠.

▶ 잊어버린 것을 다시 살려내기

'역사'라고 하기엔 좀 가까운 과거의 기억들을 소환하는 방법도 유의미한 결과를 가져옵니다. 딱 80~90년대생의 사람들이 좋아할 추억 놀이터를 만들어 화제가 된 경우도 있습니다. 드라마 〈태조 왕건〉의 궁예 캐릭터를 재활용한 베스킨라빈스나, 드라마 〈허준〉의 허준을 소환해 만든 정관장 광고 콘텐츠가 그 예죠. SBS에서 운영하는 유튜브 채널 SBS KPOP CLASSIC은 지난 10년 간 구독자 6만 정도를 유지하던 거의 죽은 채널이나 다름없었죠. 고전하던 중 해당 채널은 복고 열풍에 발맞춰 최근 1990년대부터 2000년대 초반까지의 〈SBS 인기가요〉 방송을 실시간 스트리밍했습니다. 이후 3, 40대뿐 아니라 5, 60대까지도 모여들기 시작하며 '온라인 탑골공원'이라는 별명으로 콘텐츠가 터지기 시작했습니다. 2020년 1월 현재 구독자 18만 명으로 채널은 급성장했죠. 신선함이란 없던 것을 창조하는 것이 아니라 빈틈을 찾아내는 것입니다. 잊혔거나 놓치고 있거나, 멈춰 있던 것들에 새로운 힘을 부여해주는 능력입니다. 머릿속에 거미줄이 쳐진 곳은 없는지, 곳곳에 불을 비춰봅시다.

써먹기 쉬워야
갖고 싶다

■ 편리함을 만드는
■ '레벨다운'

앞에서 생각을 정리하고 만들어내는 과정까지 살펴봤다면 이젠 본격적으로 현장에 투입시켜 보겠습니다. 실제 업무에 녹여낼 수 있을 정도로 아이디어를 정리하고 수준을 맞추는 '레벨다운' 과정입니다. 결론부터 이야기하자면 레벨다운에는 세 가지 능력이 필요합니다. 업무의 전 과정을 이해하고 있어야 하고, 단어나 문맥을 업무에 맞게 바꿀 수 있어야 합니다. 이에 반복 없이 순서대로 차근차근 말해줘야 하죠.

제가 레벨다운이라고 말씀드린 이유는 이게 급을 낮추는

단계라서가 아닙니다. 너무 추상적이라 손을 잠깐이라도 놓으면 사라질 것 같은 '생각'에서 실현 가능한 '실행'안으로 변환하는 단계입니다. 보통 누군가의 생각을 듣자마자 '오, 그거 하자!'라며 자리를 박차고 일어서게 되는 경우는 드뭅니다. 좀 더 자세한 얘기를 차근차근 나눈 후에 결정권자는 일단 기획안을 만들라고 지시하겠죠. 아이디어 하나로 드라마 한 장면처럼 모두에게 충격을 안겨준 후 멋진 배경음악이 나오며 카메라가 빙글 도는 연출을 기대해선 안 됩니다. 아이디어로 적당히 밑밥을 던졌다면 이제 구체적으로 뭘 어떻게 해야 이 생각이 실체화될 수 있는지 고민해 봐야 합니다.

▶ 어떤 재료로 시작해 볼까

일단 먼저 재료부터 생각해 봅시다. 일이란 요리와 비슷해서 들어가는 기본 재료가 거의 같습니다. 특히 우리나라 음식에 들어가는 대다수 양념장의 재료는 일고여덟 가지로 정해져 있습니다. 간장, 고추장, 고춧가루, 후추, 마늘, 양파, 생강, 참기름, 소금, 설탕 정도죠. 각 재료의 양의 차이에 따라 데리야키 소스가 되기도 하고 제육 양념이 되기도 합니다. 일도 비슷합니다. 엑셀과 파워포인트, 포토샵과 일러스트, 프리미어 등의 프로그램이 있고 각종 소스 사이트와 확보된 외주 업체 같은 리소스도 있을 겁니다. 예산과 인력도 정해져 있어 가진 재료는 모두가 거의 비슷합니다. 재료를 선택하는 과정에서 차이가 발생하는 것이죠.

▶ 어떻게 구워삶아 먹을까

요리엔 자르고 굽고 삶고 볶고 끓이는 등의 행위가 있습니다. 일할 때 우리는 보고하고 확인받고 전화하고 메일 보내고 뭔가를 쓰거나, 디자인합니다. 이 또한 모두가 과정에서 필요로 하는 것들을 수행합니다. 그중 가끔 까대기도 하고, 나르고 던지고 싸우기도… 이는 물론 사람에 따라 다릅니다.

▶ 어떤 순서가 적절할까

양념장을 만들고, 재료를 손질해 밑간을 한 뒤 재우고, 먼저 볶고, 야채를 나중에 넣는 등 상식적인 프로세스가 큰 틀을 이루고 있습니다. 일은 아이디어 회의 이후 자료 조사, 기획안 도출, 제휴제안사 확보, 외주 업체 확보, 컨펌, 견적 책정, 예산 확정, 디자인 작업, 제작, 마케팅, 론칭, 결과 트래킹, 평가 및 결과 보고 등 일정한 주기가 존재합니다. 이게 오프라인 행사 운영인지 온라인 캠페인인지, 콘텐츠 제작인지에 따라 몇 가지의 요소가 빠지거나 첨가될 뿐입니다.

자, 이제 내 아이디어를 냉장고에서 꺼내옵니다. 그리고 도마 위에 놓고 고민해 봅시다. 이 아이디어를 원하는 요리로 만들기 위해선 어떤 재료가 필요할까요? 지금 당신은 인스타그램에 업로드할 B급 느낌의 상업 영상을 만들고 싶습니다. 일단 기획안이 필요하고 제작 기한과 예산이 책정되어야 합니다. 시놉시스와 시나리오 제작, 영상 제작을 위한 출연진, 제작진, 편집자가 있어야 하고 마케팅도 하고 그에 대한 결과 분석도 해야 합니다.

어떤 행동들을 취해야 할지 살펴봅시다. 회의하고, 작성하고, 전화와 메일 돌려 섭외하고 사람을 모읍니다. 기획도 시나리오도 영상도 만들고 서로의 의견을 전달하며 보고도 받아야 합니다.

이제 프로세스를 잡아보겠습니다. 일단 기획, 예산, 업무 분장 등 기초 단계를 거친 후 시놉시스와 시나리오를 제작합니다. 엄청 깨지고 수정이 생기겠죠. 섭외, 외주 작업자 구인, 제작 미팅, 견적 조율 등을 거쳐 실제 제작 단계에서 지지고 봅습니다. 이후 결과물을 놓고 '이건 똥이네, 저건 금이네' 싸우다가 마감일 근처에 와서 완성된 콘텐츠를 가지고 마케터와 함께 터뜨릴 궁리를 해야 합니다. 결이 잘 맞으면 다행이겠지만 마케터의 전투력이 만만치 않아 상당한 고전이 예상됩니다. 결과를 분석하고 추적하는 내내 맘도 졸이고 스트레스 받으며 데일리 맥주를 실천하다 보면 어느새 결과 보고서를 쓰고 있을 것입니다.

네, 맞습니다. 아이디어만으로도 존재하던 생각을 각 단계에 맞춰보는 것입니다. 재료, 행위, 순서로 나눈 다음 어떤 자원이 필요하고 어떻게 움직여야 할지, 어떤 순서로 진행할지 예측해 구체화합니다. 이 과정을 통해 허점을 발견하기도 하고, 더 나은 방향으로 발전시키기도 합니다. 원래 생각은 엄청 멋져 보였는데 정작 이 과정을 거치니 뭔가 밍밍하게 변했다고 생각할 수도 있습니다. 당연합니다. 아이디어가 멋있다고 일하는 과정이 갑자기 달라지진 않습니다. B급 콘셉트의 영상을 만든다고 영상 만드는 과정이 갑자기 달라지진 않으니까요. 일하는 내내 좀 웃음이 많아질 순 있겠지만, 딱 그 정도의 차이일 뿐입니다. 아이디어의 진가는 애당초 목적이었던 '시장에 등장했을 때' 드러납니다.

▶ 고르고 다듬어야 살아나는 말의 맛

이번엔 용어를 다시 살펴보겠습니다. 생각 단위에서 용어 정리까지 된다면 물론 좋겠지만 어려운 일입니다. 생각은 꽤 나 추상적으로 시작되고 자유롭게 퍼져나가기 때문이죠. 용어 는 생각이 기획안으로 바뀌는 시점에 다시 확인합시다.

일단 어떤 용어를 바꿔야 좋을까요? 바로 이런 것들입니 다. '소비자가 웃으면서 즐길 수 있는'과 같이 추상적인 멘트들 을 측정 가능한 용어들로 바꿔주는 것이죠. '전체 댓글 중 n% 이상의 친구 태그가 이루어졌으며 개인 의견이 포함된 베스트 댓글이 n개 이상 존재하는' 식으로 말입니다.

'콘텐츠 올린 다음 얼마나 터졌는지 확인해 보기'보다는 '콘텐츠 게재 열두 시간 후, 도달/유입/전환을 지난주 대비 상 승/하락 비율 분석하기'처럼 기획안에 들어갈 언어로 바꾸어 주는 작업을 해줍니다. 이는 잘나 보이려는 의도보다는 마케 터와 디자이너, 기획자, 개발자 등 다양한 직무를 담당하는 인 원들이 공통적인 정보를 공유하기 위함입니다. 영어에 외래어 에 한자를 치덕치덕 발라 전문용어 떡칠을 하는 것보다 좀 쉬 운 말들로 풀어주는 과정이 필요합니다.

마지막은 반복 없이 순서대로 말하기로 마무리합니다. 이 건 구체화하려는 의도보다는 구체화가 제대로 되었는지 확인하는 단계에 가깝습니다. '아, 맞다!'를 외치며 이전에 빠뜨린 걸 자꾸 말한다면 매력도는 떨어집니다. 앞에서 일의 순서대로 아이디어를 정리했다면 동선을 그려봅니다. 이 시안이 누구에게 가서 어떻게 확정되며 그다음 누구에게 넘어가는지, 그때 나는 뭘 하고 있어야 하는지 말이죠. 긱긱의 실무를 이미지 트레이닝한 다음 간소화해 말해줍니다.

'마케터 티파니가 손가락을 놀려 팀장님에게 시안을 보고한다. 그녀의 심장이 가파르게 뛰고 있었다. 컨펌의 기로에 선 그녀의 손엔 어느덧 F와 J키의 돌기를 느끼지 못할 정도로 땀이 흥건했다.'

위와 같이 소설처럼 묘사하진 않아도 됩니다.

'마케터가 시안 검토하고 확정해 주면 저희는 합의된 시점에 콘텐츠 올리겠습니다. 이때 디자이너는 시안 확정과 동시에 굿즈 제작 진행합니다.'

정도로 유창하게 열거해 주면 되겠습니다.

속으로만
유창하면 뭐하나

제대로 전해줘야
아이디어지

이제 어느 정도 윤곽을 갖추기 시작한 생각을 상대에게 전
달해 보겠습니다. 전달의 방식은 여러 가지가 있지만, 이번엔
글과 말로 전달하는 방식만 살펴보겠습니다. 몸짓으로만 전달
할 일은 그리 많지 않을 테니까요.

▶ 말을 잘하면 진행도 잘 된다

말을 잘하는 것과 말이 많은 것은 아주 다릅니다. 둘을 판

단하는 것은 상대방입니다. 잘하고 못하고를 판단하는 것도 상대방이죠. 듣는 사람이 어떤 말투와 톤을 좋아하는지가 관건입니다. 그들이 원하는 목소리를 갑자기 만들 수는 없지만 대화의 분위기를 만들 수는 있습니다. 카페에서 할 법한 편안한 대화 방식을 좋아하는 사람도 있고, 빔 프로젝터와 노트북이 함께하는 미팅형 토크를 좋아하는 사람도 있습니다. 또는 상하 관계에 상관없이 의자 가져와 앉기를 좋아하시는 분도 계시죠.

유창하게 말한다고 해서 늘 의사가 정확히 전달되는 것은 아닙니다. 딱 세 가지로 정리해 말하는 것도, 아나운서 톤으로 읊어주는 것도 정답이 아닙니다. 우리가 지켜야 할 디테일들은 오히려 다른 것들입니다.

① 몰아붙이면 부딪힙니다.

당신은 명석한 두뇌를 지니고 있습니다. 차근차근 논리공격을 통해 상대방을 옥죄고 농락하고 말꼬리를 물고 늘어질 수도 있습니다. 이 순간을 위해 길러온 말발과 전투력을 쏟아부어 상대의 입을 머쓱하게 만들 수도 있죠. 하지만 권하지 않습니다. 어떤 사람이든 자신이 패배했다는 느낌을 좋아하지 않습니다. 그게 당신의 의견을 사야 하는 사람이라면 더더욱 말이죠. 비굴하게 두 손을 비비라는 이야기는 아닙니다. 굳이 상대를 공격할 필요는 없단 것입니다. 상대도 뭔가 기여했다는 느낌을 받고 싶습니다. 좋은 의견이라는 것은 잘 알겠으니 타협점을 찾아가면 됩니다. '너는 틀렸고 나는 맞았어!' 같은 태도는 서로에게 슬픈 결과를 낳습니다. 여유를 가집시다. 상대방이 내 말에 찬성하면 감사하다고 답하고, 반대하면 어떤 이유에서인지 찬찬히 의견을 들어봅니다. 그다음 2번으로 넘어갑니다.

② 명확하게 하나만 말합시다.

"음… 내 생각엔 이런 식으로 굿즈 제작에 돈을 쏟아붓는 게 딱히 지금 필요한 일은 아닌 것 같아. 이게 당장의 효과를 불러오거나 그럴 건 아니잖아? 지금 우리에겐 좀 더 직관적이고 즉각적인 영업 방식이 필요할 것 같은데?"

팀장님이 내 기획안에 반대의견을 내고 있습니다. 이때 내 머릿속의 모든 마케팅 지식을 총동원해서 팀장님을 쏘아붙이는 건 좋지 않다고 앞에서 설명했습니다. 반면 갑자기 태세전환해서 '아, 맞아요. 그럴 것 같습니다'라고 맞장구를 치는 것도 좋지 않습니다. 이게 더 어이없을 수도 있습니다. 내가 **A**를 말했다면 **A**를 꾸준히 밀고 나가야 합니다. 갑자기 **B**를 얘기했다가 C도 좋다고 하는 등 누렁소 검정소가 모두 일을 잘해올 거라는 식의 화법은 신뢰도를 상당히 떨어뜨립니다.

또한 굿즈 제작에 관련한 의견을 제시하는 회의라면 그것만 말해야 합니다. 인건의 갯수가 늘어나면 이느새 말의 주도권을 놓치게 됩니다. 특히 그 안건이 팀장님이 꺼낸 '지난 달 박람회 결과 보고의 건'이라면 더욱 그렇죠. 내가 말을 하는 동안에는 온전히 나만을 위한 공간과 시간이 마련되어야 좋습니다. 마찬가지로 A안건을 위한 자리라면 그 얘기만 집중해서 끝내고 어떤 방식으로든 확답을 받아놓으세요. '일단 생각해볼게'라는 식의 답변이 나온다면 '일단 전체 일정을 멈춰놓을까요? 아니면 일단 일부라도 진행을 해볼까요?'라고 재차 물어보면 됩니다.

③ 졌어도 잘 싸웠다면 멋지게 돌아섭니다.

이렇게까지 해도 아이디어가 잘 팔릴지는 아직 미지수입니다. 결정권자가 한두 사람도 아닐뿐더러 현재의 상황과 진행자의 성격 등 다양한 요소가 맞물려 있기 때문입니다. 물론 모두를 흠뻑 매료시킬 엄청난 아이디어라면 더할 나위 없겠지만 지금 엄청나 보이는 결과물들도 원래 처음엔 이게 뭐냐고 내동댕이쳐진 것들이 많습니다. 한 방에 모든 게 성공하는 경우는 드물죠.

당신의 아이디어는 종종 내동댕이쳐질 것입니다. 때론 조롱도 받을 겁니다. 하지만 아이디어보다 중요한 건 캐릭터입니다. 판매하는 상품만이 중요한 게 아닙니다. 판매하는 사람의 태도도 더욱 중요하죠. 물건을 팔다가 실패할 수 있습니다. 손님이 안 사고 나가버리기도 하겠죠. 그럴 때마다 뒷목 잡고 스트레스 받는다면 급하게 주님 곁으로 가게 될 수 있습니다. 아이디어는 언제든 생기는 것이니 품 속에 안은 채 나의 캐릭터를 잘 유지하면 됩니다. 내가 버리지 않는다면 언제든 다시 살아날 수 있는 게 아이디어입니다. 상대가 그건 지금 아닌 것 같다며 당신을 위로하려 든다면,

"아유, 아닙니다. 일단 되는 일을 먼저 해야죠. 허허허, 하지만 나중에 상황이 되면 한 번쯤 더 생각해 주시면 감사하겠습니다."

이처럼 뒤끝 있는 쿨함을 어필합시다.

생각을 키보드로 출중하게 연주하기

글은 생각보다 복잡한 과정을 요구합니다. 분위기나 태도의 영향도 받지 않습니다. 따라서 말보다 더 직관적이어야 하고, 초반부터 몰입감을 부여해야 합니다.

① 초장에 잡아놔야 매력적입니다.

글은 초반이 생명입니다. 구미를 확 당길 만한 요소를 넣어주세요. 이는 공감 100% 에피소드를 먼저 넣어주거나 자주 쓰는 구체적인 단어, 딱 들으면 떠오르는 '제2의 ○○○'와 같이 쉽게 이미지화가 가능한 요소일수록 좋습니다. 보통의 기획안은 정형화된 표지와 목적·목표부터 시작하지만, 사실 기획안은 기획자의 의도가 잘 녹아 있으면 그것으로 족합니다. 서두에 '1. 프로젝트 목적'을 적기 전에 흥미진진한 작은 시놉시스를 적어보는 것도 좋습니다. 영감을 잘 구현할 구체적인 대상Persona이 정해져 있다면 더욱 생동감이 넘칠 겁니다.

② 나열하지 말고 설명합니다.

단타로 끊어 쓰지 말고 술어로 잘 연결합니다. 명사들이 나열된 기획안은 최대한 배제합니다.

"고객 니즈에 부합하는 리워드 증정 및 후속 이벤트 참여

기회 부여"

이와 같은 문장은 단번에 파악하기가 어렵습니다.

"참여자가 원하는 상품을 전달하고, 이벤트에 실패하면, 부활 찬스를 통해 두 번째 기회를 부여합니다."

위 문장이 보기에도 훨씬 매끄럽고 이해하기도 편합니다. '전달한다, 실패한다, 부여한다' 등 술어가 중심이 된 문장을 구성해 봅니다. 길이를 짧게 쳐내고 술어를 강조할수록 문장에는 역동감이 생깁니다. '에이, 그래도 기획안인데… 형식과 말투를 잘 지켜야 하는 거 아닌가?'라고 생각할 수도 있습니다. 이때 기획안의 원래 목적을 떠올려 보세요. 기획안은 '운영'을 위해 존재하는 준비물일 뿐입니다. 모두가 이해할 수 있고, 공통된 이미지를 구성원에게 공유하며 부드럽게 운영되도록 만드는 것이 기획안의 역할입니다. 그러니 가능한 명확하고 쉬운 단어들로 구성하길 바랍니다.

③ 꾸미지 말고 지꾸 쓰지 맙시다.

같은 말은 반복해서 쓰지 말고 꾸미는 말도 자주 쓰지 않는 게 좋습니다. 글에 사족이 많을수록 독자의 피로도는 높아집니다. 수식어나 개념이 많아지면 종종 단어들이 연결되지 못하고 게슈탈트 붕괴에 이르는 경우도 있습니다. 전달하려는 맥락보다 단어 하나에 집착하게 되는 것이죠. 좋지 않은 결과입니다. 수식어는 적절한 수준에서 최소화합니다.

"세계적인 해외시장 선도그룹으로서, 양질의 제품을 관리/운영하고 인증의 유지 관리를 통해 고객님이 직접 선택하고 의뢰하신 제품의 신뢰도와 퀄리티를 끊임없이 치밀하게 성장시키고 있습니다."

이런 식의 문장이 되지 않도록 유의합시다.

"제조 전 과정을 꼼꼼하게 감독해 최상의 퀄리티를 유지합니다."

이 정도면 담백할 것 같네요. 수식어를 아예 빼라는 것은 아닙니다. 형용사와 부사들은 문장의 생동감을 더해줍니다. 하나 정도는 있어도 괜찮습니다. 강조하고 싶은 부분에만 써줍니다.

내 맘에 네 맘도 더해보자

■ 좋은 피드백
■ 골라 듣기

한 번쯤 친구에게서 이런 말을 들어봤을 겁니다. '야, 네 맘만 있냐? 내 맘도 있다!' 이 멘트는, 지금부터 할 이야기를 함축적으로 담고 있는 훌륭한 명제입니다. 참으로 맞는 말입니다. 어디 세상에 내 맘만 있을까요? '네 맘'도 있는 것이죠. 지금까진 내 생각을 잘 정리하고 전달하는 방법을 설명했습니다. 이제부터는 남의 생각을 듣고 내 것과 일맥상통하는 부분을 찾아 합쳐보는 방법을 알아보겠습니다.

▶ 아직 미완성일 때 들어보자

생각은 쉽게 바뀝니다. 완성되기 전까진 말이죠. 생각을 완성시키기 위해서 우리는 본능적으로 근거와 논리를 찾아다닙니다. 여기서 근거란 전문가의 의견, 실험 결과, 통계 자료, 지인의 경험담, 자주 등장하는 패턴 등입니다. 실험심리학에서 빠질 수 없는 스키너의 실험을 가져와보겠습니다. 상자에 비둘기가 한 마리 들어 있습니다. 자동으로 배급되는 모이통에선 15초마다 모이가 나옵니다. 비둘기는 15초마다 나오는 모이를 쪼아 먹다가 어느 시점부터 이상한 행동을 반복합니다. 빙글빙글 돌기도 하고 고개를 흔들기도 합니다. 왜 이러는 걸까요? 비둘기는 일종의 신념이 생긴 겁니다. '아! 내가 한 바퀴를 돌면 모이가 나오는구나!' 비둘기는 우연히 그냥 한 바퀴를 돌았을 뿐이고 마침 그때 모이가 나온 것일 텐데, 두 사건을 하나로 엮기 시작합니다. 그리고 그게 패턴이라고 믿어버리죠.

두뇌는 우연성에 대한 두려움이 있습니다. 통제할 수 없단 느낌 때문이죠. 따라서 복잡한 두뇌 활동을 통해 떠오른 아이디어에 일정한 순서를 부여하고 근거를 만들기 시작합니다. 먼저 떠올린 다음 나중에 정리하는 방식입니다. 떠올린 아이디어에 근거가 붙고 하나의 명제로 완벽해지는 순간 그 생각은 굳어지기 시작합니다. 생각이 굳으면 다른 의견이 쉽게 들리지 않습니다. 오히려 의견들은 대조군이 되어 잘못된 나의 생각을 더욱 단단하게 굳힐 위협도 있습니다. 그러니 아직 긴가민가할 때 남의 의견을 충분히 들어봅시다.

▶ 유익한 훈수질을 듣고 싶다

그렇다고 아무 생각이나 무턱대고 듣고 끄덕일 수는 없죠. 상대는 훈수를 늘어놓더라도 나는 건질 만한 양질의 의견을 들을 수 있어야 합니다. 가치 있는 피드백이 될 수 있게 최소한의 상태를 조성해 놓습니다.

우선 전체적인 대화가 여유 있게 흘러갈 수 있도록 분위기를 만드는 것이 매우 중요합니다. 서로를 몰아붙이지 않으면서 반론의 여지가 존재해야 하죠. 의견을 주장하는 태도에서도 여유가 있어야 합니다. '이렇게 해야 해'라기 보단 '이런 위험도 고려해 봐야 해'처럼 참고의 뉘앙스로 흘러가야 합니다.

물론 회사생활하면서 상사가 당신의 결과물을 늘 곱게 봐주지만은 않을 겁니다. 그렇다면 최소한 몇 개의 태세를 짜놓아봅시다. 의자를 끌어당겨서 옆에 앉고 제대로 피드백 받고 싶은 기획안이나 시안을 옆에 정리합니다. 그리고 적을 것들을 꺼낸 다음 본격적으로 논의해 보자란 분위기를 만들어줍니다. 커피를 타오는 것도 좋습니다. 시간을 버는 것이죠. 상대가 진정할 시간입니다. 감정 회로보다 이성 회로를 작동시킬 잠깐의 순간을 선사해 봅시다. 대강 서서 피드백을 받는 자세라면 상대는 감정적 판단을 앞세울 위험이 많습니다.

피드백에서 제일 중요한 건 거리감입니다. 서로의 생각을 감정이 상하지 않는 선에서 가지고 놀 수 있느냐가 중요하죠. 생각이 곧 '나'를 의미하진 않습니다. 우리는 종종 생각을 거부당하면 '나'를 거부한 것처럼 느끼곤 합니다. 자존심이 상하고 능력이 무시당하는 기분이 들죠. 하지만 생각과 자아는 최대한 거리감을 유지해야 합니다. 그래야 감정 소모를 줄이고 오래 일할 수 있습니다.

▶ 서로의 의견은 등가교환

생각의 근거는 명확해야 합니다. 생각이 뿌리 내리고 있는 근거가 정확해야 서로의 의견을 믿을 수 있습니다. 디자인 시안을 잡고 있다고 상상해 봅시다. 과장님이 어깨 너머로 다가와 이런 말을 합니다.

"어, 우리 와이프가 디자이너라서 내가 좀 아는데, 이거 이렇게 하면 안 돼. 색이 너무 촌스럽잖아. 좀 더 부드러운 색을 써야지."

일단 그 색이 진짜 촌스러운지 아닌지의 여부를 떠나서 기분이 상합니다. 이유는 두 가지입니다. 안 물어본 걸 왜 끼어들어 훈수질을 하는가 싶고, 그 근거가 말하는 게 본인 아내가 디자이너라서 자기가 좀 안다는 것입니다. 피드백을 하는 사람도 듣는 사람도 서로 양질의 생각을 결과물로 만들기 위해선 출처를 분명히 해야 합니다. 상대가 납득할 수 있게 말입니다.

주장의 타당성을 확보하기 위해 우린 증거를 활용합니다. 좋은 피드백은 근거의 효력이 분명하고 납득이 가는 논리성을 지닙니다. 경험에서 비롯된 것이라면 성패의 원인을 면밀히 밝힌 분석, 전문가의 의견이라면 그 반대 의견까지도 수렴된 명제, 통계나 데이터 등의 자료라면 출처와 표본에 대한 합리성을 가지고 있어야 합니다. 이 정도의 피드백을 하려면 상당한 에너지와 노력을 쏟아야 합니다. 당연한 일이죠. 대강 한번 훑어보고 느낌 가는 대로 말하는 게 과연 피드백이라고 할 수 있는지 의문입니다. 피드백은 받는 사람보다 하는 사람이 더 긴장해야 하는 것이 정상 아닐까요? 이런 치밀함 끝에 만들어지는 피드백의 쫀쫀함은 굉장한 적확함을 가집니다.

▶ 다르게 하지 말고 하나를 더하자

피드백을 듣다가 무릎을 치며 탄성을 내지르게 될 때도 있습니다. '와, 이건 정말 좋다.' 머릿속에 종이 울리는 기분이죠. 그런데 종종 주제와 다른 아이디어를 듣고 탄성을 지를 때도 있습니다. 지금 새로운 상품 판매 전략에 대해 얘기하고 있는데, 갑자기 팝업 스토어 만들자는 제안에 꽂혀버리면 안 됩니다. 피드백을 받을 때는 원래의 목적을 꼭 잡고 있어야 합니다. 갑작스레 다른 것으로 전향하자는 게 아니라, 지금의 것을 어떻게 더 낫게 만들 수 있느냐가 핵심이니까요.

▶ 들은 답을 어떻게 받아들일까

좋은 피드백을 골라냈다면 이것을 어떤 방식으로 내 의견에 접목시킬지 고민해 봐야 합니다. 크게 네 가지 방법이 있습니다. 간단하게 소개해 보겠습니다.

① 마침 필요했다면 더하기

뺄 부분이나 수정할 부분이 없는 피드백일 경우, 기존의 것을 그대로 놔둔 채 하나의 요소를 더해줍니다. 행사를 운영할 때 몇몇 인원들이 편히 쉴 수 있도록 테라스에 빈백을 놔두자는 의견을 받아들여 빈백을 추가합니다. 행사의 목적과 취지 자체는 변하지 않았습니다. 필요한 물품과 준비 과정 하나 정도가 추가되었습니다. 가장 흔한 피드백 적용 방법입니다.

② 불필요하다면 빼기

다른 부분은 그대로 놔둔 채 하나의 요소를 빼는 경우입니다. 기획을 하다 보면 과유불급인 경우가 굉장히 많습니다. 사이트 가입 절차를 떠올려봅시다. 회원가입 단계에서 너무 많은 것을 물어봅니다. 관심사도 체크하라고 하고, 미혼/기혼여부도 묻고, 비밀번호 잃어버렸을 때 통과해야 할 질문과 답변도 적으라고 하면 소비자는 가입하기도 전에 지칩니다. 이때 필요 없는 것들이나 비효율적인 것들을 제거하고 가볍게 만들어봅니다. 생각을 쳐내야 하는 만큼 기분 상하지 않게 잘 말하고 잘 받아들여야 합니다.

③ 효과는 두 배로, 곱하기

기존의 것과 새로운 것을 섞어서 새로운 하나를 만드는 경우입니다. 생각보다 굉장히 어려운 방식입니다. 지역 주민을 대상으로 한 행사를 기획할 때 '한쪽에 맥주부스를 추가하자'는 의견은 '더하기' 피드백입니다. 하지만, 아예 맥주를 주제로 한 지역 주민 행사를 만드는 것은 '곱하기'죠. 기획의 의도와 정체성에 영향을 주는 작업입니다. 굉장히 큰 틀이 많이 바뀌므로 신중하고 오랜 회의가 계속됩니다. 에너지 소모가 많은 피드백인 데다 새로운 것을 재탄생시켜야 하므로 기존에 가지고 있던 생각에 대한 서로의 존중이 마딩에 낄려 있어야 힙니다.

④ 각자의 길을 찾아서, 나누기

기존의 기획에서 하나의 기준을 놓고 분리해 두 개의 것으로 만드는 과정입니다. 한 쇼핑몰에서 신선 식품과 일반 공산품을 섞어서 팔고 있다가, 두 개를 별개의 카테고리나 서비스로 완전히 쪼개는 방식입니다. 빼기 방식은 하나를 빼도 전체 서비스에 큰 영향을 주진 않지만, 나누기는 새로운 다른 것이 발생하거나 전체 서비스(또는 상품)의 성질 자체가 바뀐다는 점이 다릅니다.

일잘러는 좋은 사회자다

- 회의 시간 동안
- 상대 사로잡기

창선 씨는 회의실에서 아주 논리적인 열변을 펼치고 있습니다. 듣고 있던 클라이언트는 시큰둥합니다. 분명 정리도 되었고, 근거도 명확하고 기똥찬 유창함으로 또박또박 전달했습니다. 분위기는 점점 싸해지더니 이내 클라이언트가 한 소리를 합니다.

"그러니까 무슨 의도인지는 알겠는데, 지금 필요한 건 아닌 것 같네요. 저번에도 이런 비슷한 거 했다가 말아먹은 적이 있습니다."

아니, 아까는 이게 필요하다고 해놓고 이제와서 필요하지 않다고 합니다. 창선 씨는 난감합니다. '뭐가 잘못된 거지? 문제를 해결할 방법을 조목조목 하나하나 다 잘 말해주었는데?'

맞습니다. 꼼꼼하게 잘 말했습니다. 틀리진 않았습니다. 하지만 생각은 맞고 틀리고만 중요한 게 아니고, 잘 스며들 수 있느냐가 더 중요합니다. 옳은 생각을 욱여넣는 것보단 상대방의 틈새를 찾아 그곳에 부드럽게 녹아들도록 만들어야 합니다. 논리와 정리뿐 아니라 다른 어떤 것이 필요합니다.

▶ 공감은 사실 도구다

생각은 태어난 곳과 자라난 곳이 다릅니다. 보통 태어나는 곳은 무의식과 욕망입니다. 특히 출산율이 가장 높은 곳은 '불안'이라는 도시입니다. 불안에서 태어난 생각은 이성적(인 것처럼 보이는) 논리라는 옷을 입고 그럴싸한 생각으로 둔갑하죠.

이들은 지상으로 서서히 올라옵니다. 생각은 피라미드 같아서 제일 밑바닥에 있는 '불안'을 이해하지 못하면 꼭대기의 '표현'을 제대로 볼 수 없습니다. 그래서 보통 생각 정리에는 독설보다 위로가 효과적이죠. 불안을 자극하면 생각은 더더욱 논리로 무장해 버립니다. 위로를 받고 인정을 받았을 때 비로소 아래층이 열리죠.

'그동안 많이 복잡하고 힘드셨죠? 전에 일하시면서 가장 답답했던 부분이 있으셨다면 말씀해 주세요'라며 위로와 공감을 먼저 해드려야 합니다.

직장 상사와 얘기하는 부분이라면 '제 의견에 부족한 점이 있을 것 같은데, 팀장님의 경험을 좀 빌려보고 싶어요' 식의 존중이 필요하기도 하죠. 이건 소위 '이빨을 깐다'는 아첨의 개념이 아닙니다. 상대방도 나와 같은 무대에 존재한다는 점을 인지시키는 행동입니다. 말은 내가 할 테니 넌 관객석에서 듣기만 하라는 식의 태도라면 아무리 좋은 생각도 거부감이 들 수밖에 없죠.

▌▶ 받아쓰고 반복하자

보통 사람들은 자기 생각을 말할 때, 자기가 뭔 말을 하고 있는지 잘 모릅니다. 스스로 굉장히 논리적으로 말하고 있다고 생각하지만 실은 수없이 떠오르는 생각의 일부를 잡고 계속 연결시킬 뿐일 때가 많습니다. 마치 '코 길고 귀 큰 동물!' 하면 코끼리를 떠올리듯이 말입니다. 아주 일부의 정보로 생각을 이어나갑니다. 전체를 고려하고 내 말을 곱씹는 건 굉장히 피곤하고 어려운 일입니다. 그래서 두뇌는 좀 더 경제적인 회로를 우선적으로 선택하죠.

이런 혼돈의 생각을 멈추게 만드는 방법은 누군가가 내 말을 다시 반복해 주는 것입니다. '아, 방금 말씀하신 내용은 예술가들의 명화, 명작들을 자유분방한 거리 문화에 결합시킨다는 것이죠?'와 같이 말입니다.

토론에는 사회자가 필요합니다. 사회자의 역할은 패널의 의견을 한번 정리해서 상대 패널에게 넘기는 것입니다. 요점과 핵심을 정확히 추리고 방향성을 잡죠. 하지만 손석희 앵커가 아닌 이상 이런 기술을 한 번에 익히기는 어렵습니다. 이럴 땐 녹음기를 이용해 봅시다. 내가 한 말을 다시 들으면 이 세상 대화가 아닌 느낌을 받을 수 있을 것입니다. 굉장히 부끄럽고 오글거리겠지만 조금만 참으면 됩니다. 반복하고 또 반복하면서 연습해 봅시다.

▶ 기억할 생각의 기준을 잡아보자

우린 하루에도 수백만 가지 정도를 받아들입니다. 이중 감각 정보를 제외하고 누군가로부터 들은 말, 어쩌다 배운 것들, SNS에서 본 내용 등 인지하는 정보만을 추려도 어마어마한

양입니다. 이 모든 걸 기억할 순 없습니다. 그래서 우리의 기억은 세 가지 방식을 활용합니다. 연상, 상황, 조직화입니다.

▶ 문득 떠오르게 만들기

기억에 연상이 활용된다는 것은 익히 잘 알려진 사실입니다. 1879년 프랜시스 골턴Francis Galton 경에 의해 밝혀진 연상의 영향력은 이후 헤르만 에빙하우스Hermann Ebbinghaus나 빌헬름 분트Wilhelm Wundt 등 다양한 실험심리학자들의 대전제가 되었습니다. 인간은 연속성을 가진 요소를 훨씬 잘 기억하며 한꺼번에 머릿속에 저장하려는 습성이 있습니다.

도무지 잊을 수 없는 전 국민의 노래 "원숭이 엉덩이는 빨개, 빨가면 사과, 사과는 맛있어…"를 다들 알고 있을 겁니다. 속성의 연결을 통해 우린 아무 관계도 없는 원숭이가 백두산으로 이어지는 생뚱맞음을 경험하게 됩니다. 이 점을 염두에 두고 '말하는 사람' 입장에서 생각해 보겠습니다.

연상된 기억은 줄줄이 소세지처럼 머릿속으로 들어갑니다. 머릿속에서 도출될 때에도 연상된 정보까지 통째로 끌려 나오죠. 어떤 일이 벌어질까요? 그렇습니다. 삼천포로 빠지고,

부가 정보가 많아지고, 무슨 말을 하려 했는지 잊어버린 채 아무 말이 시작됩니다. 이때 당신은 이것을 간파해야 합니다. 반복되고 지루한 말들 속에 비슷비슷한 속성들을 파악해야 하죠. 예를 하나 들어보겠습니다.

'제가 지번에 A 마게디님 만났을 때, 그분이 강언에서 이런 이야길 하더라고요. 그때 저도 독서모임에서 무슨 책을 읽고 있었는데, 그 책에서도 비슷한 말이 나왔거든요. 그 독서모임 클럽장님도 지금 플랫폼 서비스하고 계신데 클라우드 서비스 쪽에서 엄청 잘나가고 계세요. 아마 그 회사가… 이번에 45억 투자를 받았던가? 하여튼 근데 거기 투자받았을 때 그때 심사역이 제가 알던 분의 누나였는데 건너서 듣기로는 사실 아이템은 거의 안 봤다고 하더라고요.'

일단 폭풍 하품이 예상되는 대화입니다. 그러나 조금 지루하지만 냉철하게 분석해 보면 이 사람의 기억 인출 과정 기준을 발견할 수 있습니다. 바로 사람이죠. 마케터에서 저자, 클럽장, 심사역까지 주로 사람을 중심으로 주변 기억을 저장하는 부류입니다. 만약 당신을 이 사람의 머릿속에 남기려면 어떻게 해야 할까요? 당신도 그분의 기억 속에 존재하는 어떤 사람과 연결되어 있어야 할 것입니다.

반대로 그분의 생각을 쪼개려면 어떻게 해야 할까요? 맞습

니다. 인물을 중심으로 쪼개주는 편이 좋습니다. 이처럼 상대
방이 사용하는 연상 방식을 파악하면 전체적인 대화의 기준점
을 잡기 쉬워집니다.

멋진 말 뒤에
숨겨진 혼돈

■   겉멋과 삼천포를
■   피할 것

예쁜 쓰레기는 예쁨으로써 그 목적을 다한 겁니다. 어제 사서 책상 위에 올려둔 오리너구리 피규어 같은 것이 그런 것이죠. 기능성보단 일단 귀엽고 예쁜 것을 우선으로 두고 그냥 구매하는 것들이 있습니다. 괜히 있으면 멋져 보이고 일단 보기에 행복합니다. 안구 및 정신 건강에 도움이 될 수 있을 것입니다. 하지만 생각은 조금 다릅니다. 생각은 유용함이 있어야하죠. 멋진 생각을 책상 위에 올려놓고 구경만 하며 즐거워할 순 없으니까요.

종종 생각을 치장하고 싶을 때가 있습니다. 아주 멋진 말과 단어들로 말입니다. 또는 추상적인 단어로 슬쩍 피해보거나 광의적인 개념들로 중무장한 명제들을 막 쏟아내고 싶을 때도 있죠. 뭔가 큰일을 하고 있으며 멋진 결과를 내놓았다는 느낌을 만끽할 수 있습니다. 이런 말을 직접 할 때도 있고 들을 때도 있을 겁니다. 당연히 결론은 그게 딱히 좋은 방법이 아니라는 말이지만, 상대방이 이런 말을 할 때 뒷단에 숨겨진 어떤 것을 발견할 수 있다면 대화를 이끌어가도록 만드는 하나의 카드가 됩니다.

▶ 추상적인 말들의 비밀

자꾸 '가치, 평화, 공유, 사회, 모두의 만족, 추구, 도모, 높인다…' 등등의 추상적인 말이 많아지는 이유는 세 가지가 있습니다.

- 가진 어휘 및 어휘 활용 능력이 부족하거나
- 양가감정 때문에 갈등하고 있거나
- 자신의 진짜 욕망을 숨기고 싶거나

이런 말을 쓰는 분과 이야기하기 위해선 두 가지 방법이 있습니다. 대놓고 정곡을 찌르며 말하거나, 편하게 대화를 나눌 수 있는 상황을 만드는 것이죠. 물론 추궁하듯 진행해선 안 됩니다. 앞서 말한 공감과 위로를 바탕으로 화기애애한 관계를 만들어놓고 예상치 못한 지점에 공략하는 것이 중요합니다.

정곡을 찌르는 말은 '그럼 정확히 매출은 어디서 발생하나요?' 또는 '오, 그런데 기획자가 그렇게 많으면 실제 실무자는 어떻게 일을 진행하나요?' 정도가 될 듯합니다.

적당히 돌직구가 가능한 사이라면 이런 식의 정곡 찌르기는 꽤 좋은 효과를 낼 수도 있습니다. 상대방은 갑자기 한숨을 쉬며 '맞아요, 사실 저도 그게 걱정입니다'라고 물꼬를 틀 수도 있죠. 물론 어색한 사이끼리 이런 말을 하면 루비콘 강을 건널 수도 있습니다. 분위기와 말투에 주의하셔야 합니다.

두 번째 방식인 사적이고 진솔한 미팅은 가끔 잘 먹힐 때가 있습니다. 원래 앞에서는 서로 공적인 대화니까 좋은 말과 칭찬 일색, 두루뭉술한 언어가 가득할 것입니다. 하지만 따뜻한 차 한잔, 맛있는 고기와 술 한잔 기울이며 파란만장한 이야기를 늘어놓다 보면 진짜 욕망이 드러나기도 합니다. 생각의 민낯이 드러날 땐 언어가 아닌 감정으로 드러나는 경우가 많습니다. 생각이란 결국 언어로 포장된 욕망과 같으니까요. 그

래서 잘 정제된 언어로 드러내는 생각은 가끔 사실이 아닌 경
우가 있습니다.

▶ 생각만큼 말하기란 불가능하다

말은 생각을 100% 담지 못합니다. 흔히들 말은 구체적이
라고 생각하는 경향이 있는데, 하나하나 따져보면 그렇지 않
죠. 말은 생각보다 훨씬 추상적입니다. 구체적인 단어를 골랐
다 해도 사실 그 단어는 의도했던 뜻이 아닌 경우가 많습니다.
미팅 도중에 실무자가 갸웃하면서 '그런데 보고드리려면 레퍼
런스가 좀 더 필요할 것 같아요'라고 말했다고 생각해봅시다.
얼핏 보면 실무자가 레퍼런스를 요구하는 것처럼 보입니다.
아주 단순한 문장 같죠. 하지만 중요한 건 '레퍼런스'가 아닙
니다. '보고드리려면'이죠. 그래서 저 말에 대한 응답은 '어떤
레퍼런스가 필요할까요?'가 아니라 '결정권자 성향이 어떠신
데요?'가 되어야 맞습니다. 레퍼런스든 계획서든 기획안이든
시안이든 상관없습니다. 보고를 통과시키기 위한 '무엇'이 필
요한 것뿐입니다. 이 실무자는 최종 결정자의 피곤한 성격에
많이 털려본 경험이 있기 때문에 이렇게 말하는 것입니다. 그
러니 무턱대고 레퍼런스를 추가로 가져다주는 건 효율적이지

못합니다. 차라리 결정권자의 성향부터 물어보는 게 원활한 대화를 이끌어낼 수 있는 방법이겠죠.

이처럼 실제 원하는 것이 존재하지만 적절하게 표현하지 못하거나 본인의 욕망을 정확히 인지하지 못하는 경우가 많습니다. 보통 이럴 땐 자꾸 개념어를 쓰곤 합니다. '레퍼런스'나 '디테일', '니즈'와 같은 표현이 그렇죠. 상대의 생각을 정제하기 위해선 한 문장에만 귀 기울이면 됩니다. 마지막에 나에게 요구하는 실제 '주문 사항'이죠. 사실 그전에 주저리주저리 말했던 회사나 프로젝트 소개, 장단점 등은 별로 중요하지 않습니다. 하나하나 다 귀담아 듣고 있다간 미팅 몇 번에 빠르게 늙어버릴지도 모릅니다.

실제 주문 과정에 가서야 상대의 욕망이 최종적으로 등장합니다. 이 주문을 듣고 덜컥 '네'라고 대답하는 건 위험합니다. 그는 상대가 다 이해했다고 생각하기 때문이죠. 본인이 말하지 않은 뒷단의 욕망까지 모두 말입니다.

따라서 최종 주문 사항에 개념어가 중의적, 즉 명확하지 않은 언어들이 혼재되어 있다면 풀어서 다시 물어봐야 합니다. 예를 하나 들어보겠습니다.

'그래서 이번 제안서에는 고객의 니즈를 충족시켜줄 수 있는 문화예술콘텐츠 플랫폼이라는 점이 확실히 강조되었으면 좋겠습니다'라고 요청했다고 합시다. 눈에 거슬리는 단어가 보입니다. '니즈'와 '문화예술콘텐츠 플랫폼'입니다. 그 니즈란 것이 ①문화예술 정보가 필요하다는 것인지 ②문화예술을 저렴하게 즐기고 싶다는 것인지 ③문화예술을 쉽고 재미있게 즐기고 싶다는 것인지 ④문화예술을 공부하고 싶다는 것인지를 파악해야 합니다. 상대방은 어떤 것을 충족시킬 수 있는지, 실제 역량과 함께 말이죠.

'문화예술콘텐츠 플랫폼'이란 단어도 풀어보면 세 가지로 쪼개집니다. ①문화예술 기업인데 콘텐츠를 만드는 곳인지 ②콘텐츠 회사인데 문화예술 분야를 다루는지 ③플랫폼을 하는데 문화예술 콘텐츠를 모으고 싶은지 ④어떤 것이 주력인지 정확히 판단해 봐야 하죠. 대놓고 물어보기가 어렵다면 '저는 이렇게 이해했는데 제가 이해한 게 맞을까요?'라고 돌려서 물어보는 것을 추천드립니다.

적당하고 즐거우며
이기는 대화

■ 아무도
■ 말해주지 않는 '말'

앞서 말한 것과 같이 좋은 생각을 잘 정리했고 적절하게 분위기 타며 전달한 상황이라 가정해 봅니다. 하지만 마트의 모든 물건이 내가 최고라고 광고해도 모두 팔리지 않는 것처럼, 좋은 생각이라고 모두 사가진 않을 겁니다. 다만 우리는 그 가능성을 키우고 팔릴 만한 생각에 날개를 달아줄 순 있습니다.

생각은 말과 글, 그림 등으로 표현할 수 있습니다. 이중에서 우린 '일'에 관련된 이야기를 하고 있으니 주로 상대가 있는 대화에 많은 시간을 씁니다. 그런데 이 대화란 것은 상당히 복잡한 요소들이 작용합니다. 내 의지를 벗어난 경우도 있고, 사소한 일 하나가 크게 각을 틀어버리기도 합니다. 앞서 제가 말했던 생각의 검증 과정과 대화의 원칙을 준수해도 종종 엉뚱한 오해를 살 수 있습니다.

일반적으론 잘 말해주지 않는 대화의 디테일을 말해보겠습니다. 어긋나버릴 것 같은 순간에 필요한 안전장치가 되어드릴 겁니다.

▶ 기분 나쁘게 듣지 말란 말의 치사함

조언과 꼰대짓은 다릅니다. 꼰대짓을 너무 무서워하면 아무 말도 할 수 없고, 조언을 남발하면 오지랖이 됩니다. 적정선을 찾는 게 진짜 어렵죠. 그중에서 조언을 빙자한 꼰대질의 대표 구문이 '기분 나쁘게 듣지 마, 다 널 위해서 하는 말이야'입니다. 사실 나를 위해서 그가 해줄 수 있는 것은 계좌 이체가 제일입니다. 후배가 제대로 사실을 직시하도록 만들고 싶다면, 그냥 '내 생각은…'이라고 말을 꺼내는 것이 좋습니다. 기분의 좋고 나쁨은 상대방이 알아서 처리할 감정입니다.

▶ 좋지 않은 기분은 귀를 막는다

인간은 정보 처리보다 분위기 파악에 더 특화되어 있습니다. 정보는 생존과 관계가 없지만, 분위기와 눈치는 생존과 긴밀한 관계에 있으니까요. 그래서 변연계와 편도체는 다닥다닥 붙어 뉘앙스와 맥락을 먼저 파악하려고 합니다.

상대방이 진리를 얼마나 설파하는지는 중요하지 않습니다. 그냥 내 맘이 지금 불편하고 불안하면 아무 소리도 들리지 않습니다. 상대방에게 무슨 말을 하고 싶거든 먼저 기분을 풀어주고 시작합니다. 애인과 싸울 때도 마찬가지입니다. 일단 마음의 문이 닫히면 그다음엔 제아무리 성현의 말이라고 할지라도 의미 없는 소음에 불과하겠죠. 소리는 귀로 듣지만 대화는 마음으로 듣는 겁니다.

▶ 사실보다는 인정과 동의를

대화에서 상처를 입는 건 제대로 된 자료로 공격받아 패배했기 때문이 아닙니다. 모든 대화의 큰 기조는 '나 좀 알아줘'입니다. 이 세상에서 내가 의미 있는 존재란 걸 인정받고 싶어 하는 게 사람이니까요. 그 방식이 제각각 다를 뿐입니다. 모두 자신을 증명하기 위해 살아갑니다. 대화의 기조는 상대를 인정해 주는 데서 시작합니다.

'그래, 네 말이 굉장히 일리가 있어', '맞아, 듣고 보니 그래', '그건 생각 못 했네. 놀라운 의견인데?' 등등 공감 넘치는 말로 시작합니다. 상대방에 말에 맞장구치고 끄덕여 주는 행동은 단순히 이해의 표시가 아니라 눈앞의 당신이 내게 의미 있는 존재임을 긍정해 주는 것입니다.

▶ 협상과 양보를 위한 경청

경청을 잘하는 사람들은 두 가지 종류로 나뉩니다. 공감이 본능이라서 몰입해서 듣는 경우와 다음 수를 위해서 일단 한 수 무르는 경우죠.

미팅이나 회의 등 사회생활에서의 경청은 후자의 경우가 많습니다. '일단 내 말을 하기 전에 당신 말을 먼저 들어주겠다'는 의미에 가깝습니다. 상대는 당신의 말을 들으면서 자신의 생각을 정리하고 있습니다. 이에 대해 어떻게 대답하는 게 좋을지 말이죠. 마치 자기소개하면서 자기 차례 돌아오기 전까지의 머릿속과 비슷합니다.

그러니 상대방이 끄덕이며 잘 들어준다고 해서 내 말에 모두 동의한다거나 잘 듣고 있다고 생각하면 안 됩니다. 상대방이 내 말을 잘 들어준다고 느껴지면 나도 모르게 자꾸 말이 많아지고 쓸데없는 정보들을 흘리게 됩니다. 거래를 하는 상황이라면 불리해질 수 있죠. 협상이나 업무 미팅 중에는 상대방이 경청할 때 내가 하는 말의 내용에 대해 더 긴장하셔야 합니다.

▶ 이기는 싸움에만 덤비자

대화의 종류엔 싸움도 있습니다. 싸움이야말로 대화 기술의 결정체라고 할 수 있겠습니다. 이때 싸워서 얻는 이익이 싸움에 쏟아붓는 에너지 및 후폭풍과 비교했을 때 더 가치가 있는가를 따져봐야 합니다. 가족이나 애인과의 싸움은 무의미합니다. 싸워서 얻는 게 1도 없으니까요. 하지만 사회생활은 다릅니다. 원하는 것을 쟁취하고 나의 의견을 관철시키기 위해 가끔 우린 누군가에게 목소리를 높여야 하는 경우가 있습니다.

이런 상황은 가급적 피하는 것이 좋겠지만 만약 온다면 무조건 이겨야 합니다. 욕이나 인격 모독이 아닌 말로 이겨야 합니다. 이미 말투에서 싸움의 뉘앙스가 묻어나면 둘 다 긴장하게 됩니다. 그다음 바로 방어 태세를 갖추죠. 이때 분위기에서 지면 소위 말하는 '호구' 명패를 달게 됩니다. 현장에서 이겨야 합니다. 실질적인 이득을 취해야 합니다. 거래처가 말도 안 되는 작업량을 요구하거나 자꾸 금액을 깎는 등 억지를 부리며 무리한 조건을 내걸면 반드시 싸워서 이겨야 하죠. 어떤 결정을 하더라도 후회할 수 있지만, 적어도 패배감은 들지 않아야 하겠습니다. 한 번 사는 인생이니까요.

▶ 싸우기 싫다면 애교를 섞어라

반면 싸우지 말아야 할 상대도 있습니다. 애인과 가족, 내 근로계약서를 쥐고 있는 사람 등등 말이죠. 하지만 그렇다고 무조건 순종적이고 고분고분한 태도가 정답이라는 건 아닙니다. 내 의견을 피력하고 싶은 순간도 있죠. 그럴 땐 투정과 짜증에 살짝 애교를 섞는 것도 방법입니다.

'아, 진짜 팀장님은 맨날 그러시더라. 저번에도 반려하시고 이번에도 안 된다 하시고. 속상해요, 으잉!'

애교가 섞이면 말의 긴장이 살짝 애매해집니다. 싸우자는 건 아닌데… 뭔가 강하게 자기 의견을 어필하고 있는 느낌이 들죠. 앞서 말을 떠나서 분위기가 더 중요하다고 했습니다. 같은 말인데도 귀여운 표정으로 단호하게 말하는 것과 정색하고 말하는 것은 다릅니다. 애교로 시작해 놓으면 상대는 혼란스럽습니다. 이걸 정색하고 받아야 할지, 아니면 그냥 장난으로 받아야 할지 순간적으로 행동을 고민하고 선택해야 하죠. 너무 압박하지는 않지만 적당히 부담을 실어줄 수 있는 방법입니다. 일단 내가 정색하면 상대는 10km 정도 떨어져서 마음의 문을 닫아버립니다. 먹히는 말을 하고 싶다면 상대방의 문을 열어둔 다음에 해야 합니다.

▶ 듣는 사람은 따로 있다

그럼에도 안 들어먹는 사람이 있습니다. 경청 자세의 문제가 아닙니다. 타협점을 찾을 의지가 아예 전무하다는 게 문제죠. 상대방의 말을 두 시간 내내 경청해 놓고 결국 자기 하고 싶은 대로 해버리는 건 경청이 아닙니다. 그냥 듣고 흘린 것입니다. 집중해서 들었으면 상대방의 의견과 내 의견을 잘 섞어서 합의점을 찾으려는 노력을 해야 합니다.

만약 아무리 말을 해도 결론이 상대방 좋은 대로 흘러간다면 지금 당신은 놀아나는 것일 수도 있습니다. 상대의 친절함이 항상 진짜는 아닙니다. 친절한데 제멋대로인 사람보다 짜증내면서 '내가 뭘 양보해 줬음 좋겠는데!'라고 투덜대는 사람이 진정한 경청 장인이라고 할 수 있습니다.

🔊 안 하면 호구, 많이 하면 갑분싸

적당히 말하는 건 중요합니다. 말이 많아지면 실수가 늘어납니다. 말을 안 하면 오해가 늘죠. 적당한 말이란 건 딱 상대방이 건넨 한마디에 내가 한마디를 덧대어주는, 그 정도가 제일 적당합니다.

대화 도중 상대방이 이런 말을 합니다. "막, 진짜 엄청 험난한 길을 걷는 사람들 있잖아. 그 K2봉 같이 가장 힘들다고 악명이 자자한 산을 오르는 분들 보면 진짜 대단한 것 같아!" 근데 여기에서 꼭 한 명쯤은 이런 사람이 있습니다. "아냐! K2봉이 가장 힘든 산이 아냐. 실제론 에베레스트 남쪽 사면에 가장 사망자가 많은데?"

아니, 이게 뭘까요? 대화엔 맥락이 더 중요합니다. 가장 힘들다는 사실이 맞고 안 맞고는 지금 중요하지 않습니다. 위 대화에서 상대방이 전하고 싶은 말은 '힘든 일에 도전하는 사람들이 멋지다'는 것입니다. K2가 험한지, 에베레스트가 더 힘든지를 따지자는 맥락이 아니죠. 수사관처럼 일일이 하나하나 짚고 판관처럼 사실 확인을 해대며 대화를 끊다간 눈치 없는 바보가 될 수 있습니다.

▶ 돌아올 대답을 고려하자

내가 어떤 말을 했을 때 상대방이 어떤 대답을 할지, 또는 어떤 감정을 가질지 생각해 봐야 합니다. 대화는 생각을 쏟아내는 게 아닙니다. 상대방에게 질문을 던지고 서로의 세계를 답사하며 이해하는 과정입니다.

생각을 일방적으로 쏟아낼 거면 대나무숲에 익명으로 글을 쓰거나 다이어리에 털어놓는 게 맞겠죠. 뭔가 궁금한 게 있거나 이해가 안 되는 부분이 있으면, 찬찬히 물어봐야 합니다. 다만 상대방을 공격할 생각이 아니라면 반드시 돌아올 대답의 여지를 남겨두어야 합니다.

"사업을 할 마음이 있으세요?" 이건 질문이 아닙니다. '예'라고 대답하면 화난 것 같고 '아니오'도 아닌 것 같습니다. 뭐라고 대답해도 결국 싸우자는 소리밖에 안 되는 질문입니다. 이건 궁금해서 던진 질문처럼 들리지 않습니다. 공격이죠. 상대가 어떻게 대답할지 먼저 속으로 설계해 본 다음 질문을 던지는 것이 좋습니다. 내가 '예'라는 대답을 얻고 싶다면 '예'라는 대답이 나올 수 있게 80% 정도만 핸들을 꺾는 겁니다. 이를 테면 이런 식이죠.

"제가 보기엔, 아무래도 이 색상 조합이 조금 더 눈에 잘 띌 것 같아요. 노란색과 주황색이 같이 있으면 멀리 떨어졌을 때

좀 번진 것처럼 보일 수 있는데… 어떠세요? 이것도 고려해
보면 괜찮지 않을까요?"

　이처럼 빠져나갈 여지를 20% 정도는 주고 질문해 보면 좋
습니다.

뒤탈 없이
뒤끝 없이 마무리

■ 야무지게
■ 매듭짓는 방법

지금까지 했던 내용을 간략하게 정리해 보면 이렇습니다.

– 재료를 풍부하게 잔뜩 마련한다.

– 카테고리를 쪼갠다.

– 무슨 말을 해야 할지 내용을 거른다.

– 상대가 무슨 말을 듣고 싶은지 파악한다.

– 대화의 소소한 재미를 잘 살려 전달한다.

이 과정까지 오기 쉽지 않았습니다. 사실 이렇게 정형화하기도 어렵습니다. 지금까지의 과정은 새로운 아이디어를 꺼내려고 무작정 길거리를 걷는 것보다 조금 더 효율적인 동선을 만들어내기 위한 노력이었죠. 이러한 노력이 헛되지 않으려면 이를 전달하는 단계가 중요합니다. 품질이 소름 돋게 좋고 디자인도 잘 빠졌는데 패키지가 검은 비닐봉투면 상당히 혼란스럽겠죠. 마무리를 잘하기 위해선 세 가지 덕목이 필요합니다.

– 누가 하는가?

– 무엇을 하는가?

– 이걸 하는 게 맞나?

앞의 두 질문은 쉽게 이해될 것입니다. 마지막 질문은 간략히 설명하고 넘어가겠습니다. 흔히 '왜?'를 생각하라고 많이 이야기합니다. 좋은 말입니다. 목적을 분명히 하는 것은 좋습니다. 하지만 업무에 적용할 때엔 한 단계 더 나아가 보길 바랍니다. '이걸 하는 게 맞나'라는 질문은 다른 업무와의 상관관계, 동료와의 업무 분장, 분위기와 맥락 등을 포함한 질문입니다. 프로젝트의 목적만 본다면 당신의 아이디어는 훌륭할 수 있습니다. 하지만 지금 그게 해야 할 때인지를 고려해 본다면 다른 대답이 나올 수도 있습니다. 혼자 사는 게 아니니까요. 세 가지 질문에 명확히 대답이 나온 다음 내 생각을 입이나 손으로 꺼내보면 됩니다.

우리 앞에 오기까지 상품은 쉽지 않은 과정을 거칩니다. 하지만 우리가 마트에 진열된 상품을 보며 그걸 만들었을 생산자의 노고에 눈물 흘리지 않죠. 우리가 상대할 소비자나 상사도 우리가 최종적으로 내놓은 생각의 과정을 깊게 고려하지 못합니다. 결과물만을 볼 뿐이죠. 냉엄한 현실입니다. 그러니 오래 조사하고 빠르게 정리해서 과감히 내놓아 봅시다. 빈틈없는 마무리와 야무진 결과를 내놓는 방법들을 지금부터 소개합니다.

▶ 마음을 다잡는 데드라인

외부 규율에 의해서가 아니라 자기 규율에 따르는 게 더 중요합니다. 본인에게 정확한 시간을 부여하고 그 안에 생각을 정리하는 것입니다. 오전 열 시가 회의 시간인데 아홉 시에 출근하자마자 커피 한 모금 못 마시고 한 시간 안에 안건을 준비해가는 건 정리가 아닙니다. 그냥 정신이 없는 것이죠. 이런 상태에서 생각을 꺼내게 되면 매우 추상적이고 방어적인 단어들이 가득한 문장이 됩니다. 말하면서 생각하고 있기 때문에 같은 말을 반복하거나 구조도 제대로 이루어지지 못하죠. 유창한 말과 정리된 생각은 다릅니다.

기획이나 마케팅 전략, 디자인 시안, 새로운 메커니즘 등 대부분의 생각은 구조화가 이루어져야 합니다. 이것은 시작과 끝의 맥락과 구도가 분명해야 합니다. 한번 생각의 흐름을 탔을 때 끝을 보는 편이 좋죠.

보통 10분에서 15분 내로 타이머를 설정하고, 종이를 한 장 꺼낸 후 시작을 누릅니다. 종이엔 진짜 궁극적으로 말하고자 하는 한마디를 큼지막하게 적습니다. 그다음엔 해당 주장을 뒷받침할 근거 몇 가지를 아래에 나열합니다. 화살표를 긋고 생각을 통해 나올 산출물(결과)와 기대 효과를 생각해보고, 예상한 것들을 정리합니다. 보통은 숫자를 매겨줍니다. 그다음 현재 상황과 앞으로의 진행 방향, 예산, 인력, 소요 시간 등 구체적인 항목 등을 추가해 줍니다.

이쯤 되면 시간은 1, 2분 정도 남고 다리가 떨리고 마음이 저릿저릿합니다. '자, 뒤에서부터 시험지 걷어'라는 말을 들었을 때와 유사한 두뇌 회전이 이루어집니다. '잠깐만!'을 외치는 심정으로 마지막으로 확인할 건 접속사와 쓸데없는 조사 등 반복되는 부분이 없는지 깎아냅니다. 이렇게 다섯 문장 정도를 쏘옥 뽑아낸 후 한숨을 돌려봅시다. 짜릿함을 느낌과 동시에 회의 중간에 내가 어디에서 대답을 못하고 있는지 바로 확인할 수 있습니다.

▶ 말로 구미를 확 당겨보자

앞에서 정리한 문장을 날것 그대로 말할 수도 있습니다. 배 위에서 급하게 회쳐 먹는 고등어 같은 느낌이죠. 신선하고 맛있습니다. 하지만, 더 근사하게 플레이팅된 요리를 만들 수도 있습니다. 곁들이 반찬과 상차림, 천사채를 예쁘게 담아 접시에 올린 회는 가격이 더 비쌉니다. 마찬가지로 당신의 생각 금액도 플레이팅을 통해 더욱 높일 수 있습니다.

우선 이목을 사로잡을 메시지를 준비합니다. '제가 지난 번 세미나에 다녀와서 정리한 내용을 한번 말씀드리겠습니다.' '미팅을 시작하기 전에, 질문이 한 가지 있습니다. 어제 K 업체가 신규서비스를 시작했습니다. 그리고 하루만에 DAU Daily Active Users가 50만 명이 넘었습니다.'

이런 식으로 '내가 이제부터 뭔 말을 하려고 하는데 바로 말하진 않을 거다, 궁금하게 만들겠다'라는 의지가 돋보이면 좋습니다. 이는 식전에 먹는 애피타이저 같은 겁니다.

자문자답은 방향키와 같습니다. '그렇다면 영업 매뉴얼을 효율적으로 구축하기 위해선 어떤 게 필요할까요? 다음을 보시죠. 우리는 여기서 궁금증이 생깁니다. 그 편한 스와이핑이 어째서 이 페이지에선 불만 요소가 되었을까요? 그럼 이 다음은 어떻게 될까요? A 루틴으로 흘러갈 수밖에 없습니다.'

자문자답 형식으로 말해주면 뒤이어 말하려는 내용이 방향을 잃지 않고도 자연스레 흘러갈 수 있습니다. 가벼운 키워드만 써놓아도 다음에 무슨 말을 해야 할지 스스로 되뇌어 볼 수 있죠. 다만, 매 문장마다 이런 방식을 사용하면 듣는 사람이 지겹거나 신경 쓰일 수 있으니 꼭 필요한 시점에만 활용하도록 합니다.

▶ TPO는 정말로 중요하다

때와 장소, 경우에 맞춰 말을 해야 합니다. 아무리 좋은 아이디어와 멋진 문장도 이제 출장에서 갓 돌아온 팀장님이 가방도 안 내려놓은 상태에서 말할 순 없는 법입니다. 회식 자리에서 뜬금없이 진지한 분위기로 건네는 것도 웃깁니다. 지금 인력 충원에 대한 이야기를 하고 있는데 갑자기 마케팅 제안서를 꺼내는 것도 이상하죠.

① 변수를 확인하고 안전하게 시작하기

말을 할 때 자리에 앉아서 의자와 책상을 바로 정렬하고 시작합니다. 그런 다음 상대방이 들을 준비가 확실히 될 때까지 기다립니다. 노트북이나 판서, 빔 프로젝터가 필요할 때는 모든 것이 나 세내로 작동하는지 확인 후에 시작합니다. 내 생각을 꺼낼 기회는 한 번뿐일지도 모릅니다. 한참 말하다가 노트북 전원 꺼져서 재부팅했는데 업데이트돼 버리면 완전 맥 풀리는 상황인 것처럼 말이죠.

② 흐름을 잘 타고, 끊기면 다시 타기

말을 하다 중간에 누군가 오거나, 전화, 택배, 호출 등으로 흐름이 끊긴 경우엔 '아, 그럼 이 사안은 제가 시간 괜찮으실 때 다시 말씀드리겠습니다'라고 정리한 다음 나중에 처음부터 다시 시작합니다.

③ 급하게 빨리 마무리하지 않기

급하게 마무리 짓지 않습니다. 시작이 아무리 멋지고 근사해도 마무리가 황급히 끝나면 말한 내용이 날아가 버립니다. 특히 **PT**할 때 제한시간이 다 되었다고 '아, 시간이 다 되었으니 이만 마치도록…' 하며 말을 얼버무리거나 갑자기 속사포

랩을 들려줘선 안 됩니다.

포트폴리오나 기획안, 시안으로 생각을 전달할 때에도 마찬가지로 세 가지가 정말 중요합니다.

① 상대가 원하는 순서를 파악해 구성하기

만약 당신이 **UI** User Interface 디자인 포트폴리오를 내려는 상황이라면, 순서는 어떻게 되어 있어야 할까요? 그렇습니다. 직무와 관계있는 것들이 최우선이고, 현재 지원하려는 회사에서 진행하고 있는 프로젝트와의 유사성이 두 번째, 그다음이 최신 순입니다. 상대는 지금 사람을 뽑으려고 합니다. 당장 신속하게 결과물을 내줄 사람이 필요하죠. 최근에 만들었던 예쁜 패키지는 중요하지 않습니다. 내가 보기에 예쁘고 소중한 것도 중요하지 않습니다. 생각을 매력적으로 전달하려면 상대가 간절히 원하는 것들을 먼저 보여줘야 합니다.

마찬가지로 기획안에서도 예산을 우선으로 잡아야 할 행사가 있고, 소비자 수요 조사 결과가 우선되어야 할 프로젝트가 있습니다. 예산을 털기 위해 남은 2천만 원으로 부스참가를 한다고 했을 땐 무엇이 중요할까요? 그렇습니다. 정해진 예산 내에서 가장 좋은 효율을 낼 수 있느냐가 핵심입니다.

하지만 신규 서비스 런칭을 앞두고 사전 행사 아이디어를 짠다고 하면 도달율과 트렌드, 소비자의 반응 등이 더욱 중요할 것입니다. 일을 구성하는 요소는 예산, 인력, 기획, 제작, 결과, 평가 등 비슷비슷하지만 상황에 따라 우선순위는 천차만별로 달라지죠. 생각을 전달할 땐 이 기준에 부합하는 것이 우선입니다. 첫 단추부터 생뚱맞으면 안 되니까요.

② 뿌려놓은 떡밥 회수하기

생각은 퍼져나가기 좋아하지만 모이기는 싫어합니다. 이것을 통제해야 합니다. 우리의 생각은 하나의 목적을 지니고 있습니다. 달성하고 싶은 구체적인 목표가 있죠. 목표가 세 개면 실행 방안도, 결과 측정도 세 개여야 합니다. 시즌 세 개가 넘는 미국 스릴러 드라마에서 뒤로 갈수록 시청자가 지치는 이유는 떡밥이 회수되지 않기 때문입니다. 음모와 인물들은 끝도 없이 등장하는데 별 의미도 없이 단편적인 사건들만 만들고 사라지면 그저 지루해질 뿐이죠. 뿌려놨으면 회수를 해야 합니다. 그래서 생각 정리에서 제일 중요한 부분은 '목표'입니다.

③ 최소한의 디자인을 지향하기

디자이너의 포트폴리오처럼 깔끔할 필요는 없습니다만 적

어도 중요한 부분과 아닌 부분, 주장과 부연 설명의 구별은 돼야 합니다. 디자인은 세부적인 조건이 너무 많으니 간략하게 폰트와 여백, 색만 다뤄보겠습니다.

공공기관 서식처럼 모든 서식 위계를 다 지키진 않더라도, 대제목과 중제목, 소제목 구분 정도는 해주어야 하죠. 충분한 크기 변화를 주어야 합니다. 대제목의 크기가 24pt인데 중제목이 23pt면 '당신의 눈은 얼마나 예민한가요?' 테스트와 다를 바가 없습니다.

여백은 생각의 가치를 높여줍니다. 중요한 문장엔 여백을 많이 주고, 세세한 문장엔 여백을 조금 주면서 요소들이 지닌 권력 관계를 조정해 주는 겁니다. 보통 단락을 띄울 때는 두 줄 이상 충분히 띄웁니다. 행간은 폰트 크기의 150% 이상을 유지해 줍니다. 그리고 줄바꿈은 문맥상 끊어지는 부분에서 넘겨주면 됩니다.

색은 적게, 가능한 하나만 씁니다. 나머지는 모두 흰색/회색/검정으로 무채색으로 조절합니다. 진짜 강조할 부분만 색을 적용하면 됩니다. 당신이 디자이너가 아니거나, 디자이너지만 저처럼 취약한 색감을 가지고 계시다면 많은 컬러를 쓸수록 혼란스러워질 겁니다. 컬러는 주목과 집중을 뜻하는 신호 혹은 약속 체계입니다. 도로 위의 신호등이 여러 색이라면 다음날 뉴스는 충격적인 소식들이 넘쳐나겠죠.

　'강조는 보라색으로 할 겁니다'라고 약속했으면, 처음부터 끝까지 통일합니다. 뜬금없이 노란색이 나오면 '이건 또 뭐지?' 싶고, 그 아래 초록색이 등장하면서부턴 기획안이 아니라 팬시한 컬러링북이 돼버리고 말 것입니다.

PART 3
상품 팔아 돈 벌기

가진 것 중에
상품을 골라내기

■ **팔 만한 가치가**
■ **있는가**

"나, 이 일을 계속 해야 하는 건지 모르겠어."

"왜, 무슨 일 있어?"

"아니 그냥. 갈수록 번아웃 오는 것 같고. 뭐랄까. 약간 견고한 벽이 있는 느낌 있잖아. 그걸 넘을 수가 없을 것 같다는 생각이 들어."

"그럼, 뭐 하고 싶다고 생각한 거라도 있어?"

"글쎄. 근데 저번에 나 비누 공예 들으러 갔었잖아. 원데이 클래스로. 그거 해봤는데 너무 재밌는 거야. 근데 그 선생님이 비누 공예로 지금 월 4백만 원 이상 벌고 있다는 거지! 그래서 나도 그거 한번 해볼까 생각 중이기도 하고….”

“에이, 그 선생님은 엄청 오래하셨으니까 그 정도 버는 거겠지. 처음 시작하려면 힘들지 않을까?”

“아무래도 그렇지? 그럼 나 디자인했으니 디자인 쪽으로 외주 받으면서 재밌는 기획 한번 해볼 수도 있을 것 같아. 디자인 문구 같은 거 있잖아. 스티커나 금속 배지 같은 거 만들어서 플리 마켓에 팔아보는 것도 괜찮을 것 같고.”

“또 다른 건?”

“음… 뭐 여행 가서 에세이 같은 거 써봐도 괜찮을 것 같아. 거기 여행지에서 파는 지역 물품에 대해 쓴 다음에 팔로워 기반으로 스토어 팜 만들어서 팔아볼까?”

“음… 뭔가 좋아 보이긴 하네….”

“그치? 하아… 난 이제 진짜 좋아하는 일 찾아서 그걸로 먹고살 거야. 이제 남이 이래라저래라하는 일 더 이상 하고 싶지 않아.”

상황을 한번 그려보겠습니다.

회사 내에서 본인 능력껏 열심히 일하며 3년 조금 넘는 경력을 쌓았고 어느덧 후임도 생겼습니다. 약간의 허탈함이 올 때도 있지만, 아직은 할부와 전세 대출 이자가 남았으니 섣불리 퇴사를 결정하긴 어렵습니다. 1, 2년 정도 더 지나자 몸 군데군데가 고장 나기 시작합니다. 대기업을 다니던 주변 사람들도 하나둘씩 퇴사했다는 소식을 듣습니다. 스타트업이야 순환 주기가 빠르니 퇴사와 입사 소식이 특별하진 않지만, 이대로 쭉 다니면 차장까진 달 수 있을 것 같던 친구도 그만두었다고 합니다.

연락을 주고받지는 않지만 인스타그램을 보면 다들 잘 살고 있습니다. 아이를 둘 낳은 친구는 예쁜 아이 옷을 인스타그램을 통해 판매하고 있습니다. 개발자 친구는 프리랜서로 잘 살고 있습니다. 어디서 강의도 한다고 합니다. 셈이 빨랐던 한 친구는 외국계 기업을 퇴사하고 외국 홍차의 판권을 들여와 매장을 하나 운영하고 있습니다. 누구는 카페를 차렸고, 다른 친구는 리뷰 전문 유튜버가 되었습니다. 나이가 서른이 넘었으니, 다른 일을 선택하려면 지금 해야 할 것 같습니다. 하지만 무엇을 해야 할지 잘 모르겠습니다. 이젠 내가 좋아하는 걸 하며 살고 싶거든요.

앞으로 이어질 내용은, 좋아하는 일만 하며 살 순 없으니 돈과 좋아하는 것의 교집합을 찾으라는 고리타분한 결론으로 끝날 겁니다. 하지만 그 식상한 결론은 모두가 지향하는 이상

적인 진로의 모습입니다. 우린 우선 지금 할 수 있는 것을 생
각해 봅시다. 나는 어떤 것을 만들어 팔아야 할까요?

▌▶ '좋아하는 일'의 모호함

일단 '좋아한다'는 말의 의미를 파헤쳐 봅시다. 우리가 좋
아한다고 말하는 것은 여행, 맥주, 설렘, 와인바, 가을 날씨, 힙
한 카페에서 넷플릭스Netflix 보기, 한강 치맥, 호텔 이불, 몸
이 고되지 않으면서도 적당히 활동적인 해외여행, 사진이 잘
나오는 유명한 스팟 등등이 있습니다.

그럼 좋아하는 직무와 산업 분야는 어떨까요? 마케팅을 좋
아해! 브랜딩을 좋아해! 디자인이 좋아! 모션 그래픽이 좋아!
기획이 즐거워! 행사 운영은 짜릿해! 등등이 있습니다.

차이를 살펴봅시다. 맥주와 여행은 소비의 쾌락을 충족시
킵니다. 마케팅과 기획은 성과의 쾌락을 충족시킵니다. 분명
'좋아하는 것' 중 하나인데 서로 다른 역할이 존재하죠. 사람에
겐 다양한 욕망이 있습니다. 파괴 욕구, 인정 욕구, 자극에 대
한 욕구, 나태 욕구, 애정 욕구 등 일상생활에서 느끼는 역치
이상의 것을 원합니다. 이 자극이 충족될 때 우린 만족감을 느
끼고 긍정적인 이미지를 갖습니다. 그리고 그 모든 것을 뭉뚱

그려 '좋아한다'고 말하죠.

　일이란 무엇일까요? 일을 한다는 것은 역설적이게도 '상대의 욕망'에 초점이 맞춰져 있습니다. 소비자나 상사, 협력 업체, 공장장님 등 다른 사람과 나의 이해관세가 맞물리는 시점이 있어야 '일'이 발생하죠. 그들의 욕망과 니즈를 만족시키고 그 대가를 받습니다. 그러니 일을 한다는 건 내 욕망이 아니라 상대의 욕망을 충족시키기 위해 내 시간과 에너지를 소비하는 것입니다. '앗, 이거 노예 아니야?' 싶겠지만 이를 선택할 수 있다는 점에서 일하는 사람과 노예는 다릅니다. 난 어떤 욕망을 누구에게 어떻게 충족시킬지 선택하고 제안할 수 있죠. 그런 다음 계약을 통해 내가 원하는 특정한 보상을 요구할 수 있습니다.

　'좋아하는 일을 한다'는 말이 얼마나 어려운지 이제 이해가 되실 겁니다. 내가 가진 욕망과 상대가 가진 욕망이 딱 맞물리는 지점을 찾아야 가능합니다. '난 가죽 공예가 너무 재밌어 죽겠어. 그런데 저 소비자가 내 가죽 공예품을 너무 좋아해서 백 개를 만들어달래.' 이런 환상적인 지점을 원하고 있는 것이죠. 이런 경우는 굉장히 드뭅니다. 일단 내가 좋아하는 일을 하기 힘든 이유는 다음과 같습니다.

① 좋아하는 게 뭔지 잘 모른다.

내 욕망을 잘 모릅니다. 이건 세 가지 케이스가 있습니다. 먼저 한 번도 내 욕망에 귀 기울인 적이 없는 경우를 살펴봅시다. 프랑스 철학자 자크 라캉Jacques Lacan은 말했죠. "인간은 타인의 욕망을 욕망한다." 그렇습니다. 어릴 적부터 성인이 될 때까지 우린 생애 주기에 따른 의무 사항을 지키며 살아왔습니다. 때 되면 입학하고, 다니다 졸업하고, 볼 때쯤 시험보고, 운 좋게 취업했습니다. 항상 부모님, 친구, 동기, 상사, 애인 등의 기대에 맞추며 살아왔죠. 내가 무엇을 원하는지는 중요하게 생각하지 않았습니다. 그들이 옳다고 말했던 것이 곧 내가 원하는 것인 줄 착각했죠. 마치 드라마를 좋아하지 않지만, 회사 사람들과의 대화에 빠지지 않으려 드라마를 보다가 좋아하는 건가 싶은 생각이 드는 것처럼 말입니다.

② 무턱대고 좋아하기만 한다.

욕망만 있고 실력은 없는 경우도 있습니다. 실력을 쌓기 위한 노력을 해본 적도 없죠. 그냥 유튜브로 잘하는 사람들의 영상을 보며 '와! 잘한다, 나도 저렇게 하고 싶다'라고 바라만 왔습니다. 보다 보니 그게 내 것 같고 그걸 좋아하는 것 같습니다. 아는 것도 제법 많아집니다. 기회만 되면 할 수 있을 것 같

죠. 하지만 그것을 위해 돈 한 푼도 써본 적 없고 실제로 일주
일도 제대로 해본 적이 없습니다.

③ 좋아하는 게 너무 많다.

자잘하게 잘하는 게 많은 경우가 있습니다. 노래도 잘 해,
글도 써, 디자인도 해, 강의도 해봤어, 춤도 춰봤어, 적당히 인
문학 지식도 있고, 운동도 상당히 잘하는 편인 사람들이 해당
고민에 빠집니다. 손에 쥔 게 너무 많아 어떤 걸 포기해야 할
지 모르는 소위 '지연 행동'이 발생합니다. 선택지가 많을수록
피로도가 높아지고 결정을 포기하거나 부정하게 되는 현상
이죠.

④ 상대방의 욕망을 잘 모른다.

내 욕망도 모르는데 상대방의 욕망을 잘 알 수 없겠죠. 안
다고 해도 정확히 이해하기 어렵거나, 이해했다고 해도 그걸
충족시킬 방법을 모르는 경우입니다.

⑤ 상대가 돈을 주지 않는다.

자꾸 내가 한 일에 돈 아닌 다른 걸 내겠다는 사람이 나타
납니다. (칭찬, 특례, 물물교환 등) 물론 실제로 돈을 낼 정도의

가치를 지니지 못한 단계의 능력인 경우도 많습니다. 제가 사업자도 내지 않았던 **PPT** 대행 프리랜서로 일할 시기엔 이런 제안이 굉장히 많았습니다. '10장만 만들어주면 내가 다른 사람 소개해 줄게' 또는 '이번 강의 무료로 해주면 내가 포토샵 가르쳐줄게' 같은 식으로 말이죠.

⑥ 원활한 소통이 어렵다.

필요한 만큼의 재료와 시간만 주고 다른 걸리적거리는 게 없길 바랐는데 성격, 환경, 대화, 수정 사항 등등 상대방은 내 욕망을 수용해 주지 않습니다. 충돌하는 지점이 생기죠. 이 충돌을 못 견디는 분들이 많습니다. 특히 디자인 강의를 하면서 많이 느낀 건 너무너무 잘하는 분들이 커뮤니케이션 때문에 학을 떼고 고민하고 있다는 것이었습니다. '아, 이게 내 길이 아닌가' 하며 말이죠. 그냥 디자인만 하면 좋겠다며 가격이랑 견적, 계약, 커뮤니케이션, 조율, 수정, 대금 독촉은 다 다른 누군가가 해주고 본인은 카페에서 일만 하고 싶다고 합니다. 실제로 그 요구를 반영해서 몇몇 플랫폼에선 객관식으로 보기를 주거나 정해진 매뉴얼 안에서 의뢰 업체와 디자이너를 연결하기도 합니다.

그렇다면 어떤 일을 선택해야 적당한 값을 받고 내 작업도 인정받을 수 있을까요? 세 가지 조건을 만들어 체크해 봅시다.

① 처음부터 끝까지, 제작 공정을 경험해 봤거나 빠삭하게 알고 있는 것을 선택하세요.

실제품이나 소비자에게 직접 가닿을 서비스, 콘텐츠를 만들 때 가장 위험한 건 '환상과 짐작'입니다. '대략 초반에 어떻게 시작할지는 알겠는데 나머진 알아서 어떻게 되지 않을까' 생각할 수도 있습니다. 안타깝게도 나머진 어떻게 되지 않습니다. 어떻게 된다면 상상 이상의 스트레스와 돈, 시간이 깨지는 과정을 거치고 난 다음일 것입니다.

② 내 재능이 열 가지라면 그중 돈이 되는 것을 취합시다.

물론 내 기준이 아니라 상대방이 돈을 주는 재능을 우선 선발해 키우세요. 최근에 깨닫고 있는 것 중 하나입니다. 내가 돈을 벌고 싶은 지점과 상대가 돈을 주는 지점이 늘 같진 않습니다. 저도 **PPT**, 글쓰기, 제안서 강의, 디자인 외주, 일러스트 외주 등 다양한 걸 해보았습니다. 모두 돈이 되었죠. 전 제가 천재인 줄 알았습니다. '와, 뭐든지 돈으로 만들 수 있구나! 굶어 죽진 않겠는데?' 네, 아닙니다. 굶어 죽을 수 있습니다. 3, 4만워 버는 건 내가 길거리에서 춤만 춰도 가능한 일입니다. 여기서 상대방이 주는 돈이란 내 생계를 꾸준히 책임질 수 있을 만큼의 수익을 의미합니다. 초기 단계에서 이것저것 비용으로 전환시키면서 상대방이 내 어떤 재능을 인정하고 값을 치르는지 계속 확인해 봐야 합니다.

③ 나를 자극하는 것과 내가 좋아하는 것은 다릅니다.

자극을 주는 일을 쫓지 말고 일정한 과정과 결과를 내는 일을 찾고 발견하세요. 왜 하는지 모르겠지만 10년 내내 꾸준히 반복해 오고 있는 무언가가 사실 당신이 진짜 '좋아하는 일'입니다. 짜릿함에 속지 마세요.

궁금함을 들고 가서
앎을 얻어라

■ **필요한 강연만**
■ **골라 들어라**

"와, 대박. 이번 강의 진짜 소름이었어. 꿀팁 대방출이어서 듣는 내내 완전 정신 혼미했음."

"오, 진짜? 나도 듣고 싶다! 다음 강의는 언제래?"

"다음 달에 또 하신다니까, 모집 시작하면 알려줄게."

"근데 구체적으로 어떤 게 좋았어?"

"그, 뭐지? 지금까지 제품 팔면서 경험했던 것들 들려주는데 엄청 파란만장했어. 지금 어떤 걸 팔아야 하는지 막 가르쳐주고, 나중에 워크샵 같은 거 하는데 피드백도 자세하게 해주셔."

"헐, 나한테 딱 필요한 거다."

최근 크리에이터와 1인 기업 대표를 대상으로 한 강의들이 많습니다. 온라인, 동영상, 아티클, 오프라인 강의를 비롯해서 실습형, 워크샵형, 해커톤, 원데이 클래스 등 다양한 포맷으로 우리 주변에서 쉽게 찾아볼 수 있죠. 그런 강의들만 모아놓은 플랫폼에선 열렬히 광고를 하고 후기들을 방출하며 사람들의 갈증을 건드립니다.

광고들이 건드리는 갈증은 이런 것들입니다.

- 무얼 해야 할지 모르겠다.
- 어떻게 해야 할지 방법을 모르겠다.
- 한다고 해서 잘 될지 모르겠다.

그렇습니다. 불안을 건드리죠. 특히 아직 시작해 보지 않은 분들에게 훨씬 잘 먹힙니다. 걱정과 고민이 많을수록 강의에 대한 욕구는 증폭됩니다. 누군가가 내 의견을 듣고 공감해 주고 인정해 줬음 좋겠습니다. 내가 이걸 한다고 말하면 까지 않고 응원해 주며 맞장구를 쳐줄 사람, 또는 현실적인(그게 포장일지라도) 조언과 구체적인 팁을 줄 사람 등이 필요한 것이죠. 주변 사람들에게 말하자니 직장 다니는 친구에게서는 이런 공감을 얻기가 어렵습니다. 같은 일을 하고 있는 선배에게선 그냥 해보라는 아리송한 대답만이 돌아옵니다. 답답함은 배가됩니다. 그런 상태로 강연장에 들어갑니다.

우린 강연 형식의 학습에 매우 익숙합니다. 아주 어릴 적부터 성인이 된 지금까지도 수많은 수업을 들으며 입학과 졸업을 거치고 자격증을 손에 넣었습니다. 누군가가 앞에서 잘 가르쳐주기만 한다면 손으로 적고 시험 보고 과제를 수행하는 것은 이미 물리도록 해보았습니다. 그리고 어떻게 내용을 습득해야 하는지도 잘 알고 있죠.

▶ 내가 아는 것을 알고 있는가

스스로의 손으로 뭔가를 직접 만들어야 하는 지금 이 상황에서 학원식 교육이 유효할까요? 일단 몇 가지 조건 하에는 유효합니다. 컨설팅, 멘토링, 클래스, 실전 교육이라는 이름으로 이루어지는 대다수의 강연은 누군가가 열과 성을 다해 만든 콘텐츠입니다. 실수와 시도의 시간들이 녹아 있죠. 잘만 이

용한다면 이러한 교육은 나의 시간과 노력, 시행 착오를 줄여
줄 수 있습니다. 이것들을 잘 이용하는 방법을 알아봅시다.

① 감정을 충족하는 시간이 되면 안 됩니다.

강연을 들으려는 이유가 혹시 자신의 불안을 달래기 위한
시간은 아닌지 곰곰이 생각해 봅시다. 지식을 통해 자위하는
것을 나쁘다고 할 수 없습니다. 하지만 이는 꽤나 중독성이 강
하죠. 배움에만 빠져들기 시작하고 해답은 찾지 못할 수도 있
습니다.

초기 구상 단계라면 방식이나 방향 설정에 대한 강연보단
구체적인 일의 과정을 직접 경험할 수 있는 실습 위주의 강연
을 들어봅니다. 의지라는 건 생각처럼 강하지 않아서, 아무리
단단하게 잘 설정해 놔도 실무에서 발생하는 사고 한 번에 맥
없이 흔들리고 맙니다. 일단 아이템에 이름 붙이는 법, 웹사이
트 개설 방법, 템플릿으로 상세 페이지 디자인하는 법 등 실제
로 결과물을 낼 수 있는 방법부터 배워가는 게 좋습니다.

수익을 어느 정도 내다가 정체되어 있거나 답답해서 들으
러 가는 경우라면 지금까지 내가 진행했던 작업들을 목록으로
정리해 가져가봅니다. 실제로 밑줄 긋고 어느 부분에서 어떤

게 별로였는지 확인해 보면서 강의를 듣는 거죠. 특히 세 가지
부분을 우선 정리해 봅시다.

  – 애매했던 부분, 확신 없이 주사위 던지듯 밀어붙였던 부분을 중점적
    으로 체크해 본다.
  – 내 의지로 진행했던 일과 상황에 밀려 진행했던 일들을 구분해 본다.
  – 일의 질과 매출 추이를 동시에 놓고 숫자로도 한번 이야기해 본다.

  이 정도로 정리해 본 다음 강연을 들으면 중간에 빈틈을
빠르게 찾아낼 수 있습니다. 일단 내 제품과 서비스를 놓고, 흥
분하지 않는 게 중요합니다. 좀 더 차가운 태도로 임해봅시다.
또한 강연 내용을 손에 쥘 만한 도구로 예리하게 다듬읍시다.

  ② **질문이 없는 배움은 딜레마를 유발합니다.**

  정보란 건 '핏fit'이 중요합니다. 필요한 정보여야 맞아떨
어지고 적용이 가능해집니다. 무턱대고 모든 정보를 듣는 건
예상하지 못했던 또 다른 고민을 낳기도 합니다. 심지어 지금
당장 필요 없는 것들까지도 말입니다.

  예를 들어보겠습니다. 당신은 온라인 쇼핑몰을 만들고 싶
고, 어느 템플릿 서비스를 이용해야 가장 좋을지 비교하고 싶

습니다. '쇼핑몰 사이트 추천'이란 검색어를 입력합니다. ₩사
와 C사, I사를 비교한 글을 찾아보기 시작합니다. 이때 블로그
글에선 ₩사가 좋다고 결론을 냈습니다. 여기서 중요한 건 '좋
다는 해당 사이트가 나에게도 좋을까'입니다.

　만약 컴퓨터와 그리 친하지 않다면 쉬운 조작과 다양한 템
플릿이 중요할 겁니다. 상황에 따라 수수료와 결제 안정성이
중요할 수도 있습니다. 또는 적절한 **CSS** Cross Site Scripting
코딩으로 직접 디자인해서 원하는 톤을 맞추는 게 필요할 수
도 있습니다.

　이는 강연도 마찬가지입니다. 먼저 내가 원하는 것을 명확
히 정한 뒤에 강연장에 찾아가야 하죠. 이때 질문은 목록으로
만들어 정리하고, 깔끔하게 정리가 되지 않는다면 키워드 정
도라도 추려서 가져갑니다. 강연장에선 내 질문에 대한 완벽
한 해답을 얻기 어렵습니다. 모두의 경험과 가치관이 다르기
때문이죠. 하지만 내가 진짜 궁금했던 게 무엇인지 질문을 완
성시킬 수는 있습니다. 보통 질문은 불안과 호기심에서 생겨
나므로 태생 자체가 추상적이고 불완전합니다. 제대로 풀기
위해서는 이를 먼저 다듬어야 하죠.

　- 들어도 계속 충족되지 못한 느낌이 드는 지점

- '와, 내 얘기하는 줄!' 하며 공감되는 지점

- 중간 과정이 애매하게 보이는 지점

- '문제가 발생한다면 어떻게 해야 할까?' 생각되는 지점

앞의 목록처럼 강의 내용과 내 생각을 계속 비교하면서 결이 어긋나는 부분을 찾아내 봅시다. 이땐 약간 냉정한 눈빛으로 강의를 듣는 것이 좋겠네요.

'맞아! 난 저 부분이 궁금했어!'라고 질문만 구체화되어 돌아와도 엄청난 성과입니다. 이 질문을 토대로 현장에서, 또는 지인이나 선배에게 직접 물어볼 수도 있고 아니면 답을 찾기 위해 바로 행동에 옮겨볼 수도 있죠. 날카롭고 명쾌한 질문을 완성하는 걸 목표로 강연장에 갑시다. 자신의 욕망을 정리하고, 우선순위를 가릴 수 있을 겁니다.

③ 지식들은 연결되어야 합니다.

'고객의 의견에 귀 기울여야 한다.' 이 문장에 크게 감명을 받았다고 생각해 봅시다. '아, 내가 고객의 의견을 잘 반영하지 못했어. 맞아. 우리 소비자들이 뭘 원하는지 난 모르고 있었던 거야.' 후회하며 무릎을 칩니다. 그렇다면 이제 어떻게 고객의 의견에 귀 기울여 볼까요? 설문을 돌린다? 댓글을 관찰한다?

인터뷰를 한다? 간담회? 블라인드 테스트?

여러 개의 선택항이 등장합니다. 지식을 얻어서 할 수 있는 건 두 갈래입니다. 기존의 것을 강화하거나, 몰랐던 것을 도전해 보거나. 스스로 이 두 개 중 어느 방식을 선택할지 먼저 선택해 봅시다.

기존에 하던 게 댓글 관찰이라면 댓글을 5백 개 이상 모아 본 뒤 필요에 맞게 분석을 시작할 수 있습니다. 항목별로 그래프로 만들어보고 어떤 단어가 주로 나왔는지 확인해 볼 수 있을 겁니다. 이 과정에서 통계분석 프로그램을 배우거나, 몰랐던 오차 범위, 응답의 신뢰도 등을 새롭게 알 수도 있습니다. 기존에 하던 일들의 신뢰성을 높이면서도, 더 많이 접목시켜 보도록 확장할 수도 있습니다.

기존에 어렴풋이 알고 있던 내용을 구체화시키려면 이에 맞는 추가 지식들이 필요하죠. 몰랐던 일에 도전해 보는 것은 새로 배운 지식을 제대로 습득했는지 확인하는 가장 좋은 방법 중 하나입니다.

배웠던 내용을 하나의 명제로 남겨놓은 채 끝났다면 아직 다른 지식들과 제대로 연결되지 못했단 소리입니다. 배운 정보 혼자 붕 뜬 상태인 거죠. 집에 돌아와서 강연에서 적었던 것들을 내 기존 지식과 연결시켜 봅시다. 그리고 이걸 실천하기 위해 난 무얼 더 공부해야 하는지(또는 실천해봐야 하는지) 다음 고민을 만들어 나갈 수 있어야 합니다.

[볼수록 드러나는
건강한 고집]

- ■ 매력적인 일관성
- ■ 어필하기

콘셉트를 잡아봅시다. 예를 들어보겠습니다. 박창선 씨는 글을 쓰고 디자인을 하고 있습니다. 디자이너는 주변에 많습니다. 그중 클라이언트가 다른 업체들 말고 나를 선택해야 하는 이유를 만들어야 하죠. 고민이 됩니다. 예를 들어 고객은 싹싹하고 말 잘 듣는 디자이너를 원하고 있습니다. 박창선 씨의 원래 성격은 까다롭고 할 말은 하는 스타일이라면 어떨까요? 창선 씨는 고객의 니즈에 충실하게 행동해야 할까요, 아니면 내 성격대로 밀고 나가는 게 더 현명할까요?

▶ 타산이라는 저울에서 균형 잡기

제품이나 서비스를 판매하는 입장에선 이런 딜레마는 자주 찾아옵니다. 시장의 욕망과 나의 욕망이 충돌하는 대표적인 예죠. 우리는 마케팅 전략, 브랜딩 관련 책과 강의를 통해 늘 '소비자'란 말을 들어왔습니다. 판매사 모두 소비자가 어떻게 움직이는지 관찰하며 그들을 이해하려고 합니다.

그럼 이를 유심히 지켜보는 판매자는 누가 이해하고 누가 관찰할까요? 그저 소비자가 원하는 대로 흘러가야 하는 뗏목 같은 존재가 되어서는 안 됩니다. 초기 콘셉트를 구축하는 방법을 생각해 봅시다.

우선 제가 브런치에 글쓰기 시작했던 과거를 떠올려보았습니다. 브런치란 서비스가 시작되자마자 작가 등록을 하고, 처음엔 일기 같은 글을 끄적거렸습니다. 제대로 브런치를 쓰기 시작한 건 2017년 초 무렵이었습니다. 그땐 여행기를 쓰고 싶었습니다. 그래서 남미 트래킹을 다녀온 이야기를 적당한 만화와 글을 섞어 쓰기 시작했습니다. 감성 넘치는 와중에 하나의 감동이라도 주기 위해 멘트를 고민하곤 했습니다. 마지막에 무슨 말로 끝을 맺어야 아름답고 웅장해질까를 생각했죠. 그러고는 망했습니다.

디자이너였지만, 비전공인 데다가 포트폴리오도 없어 진짜 비빌 언덕이 없던 저는 나름의 살 방법을 궁리해 냈습니다. 원래 판매/영업직을 했었던 과거의 경험을 살려, 디자인 결과물 자체보다 미팅과 커뮤니케이션을 어떻게 진행하는지 '일하는 과정'을 보여주자는 생각이 들었습니다. 이런 생각에는 이미 지보다 글이 적합할 것 같았습니다. 브런치엔 제가 일하는 과정과 느낀 점들을 적었습니다. 사실 고객이 볼 수도 있으니 매우 조심스러웠습니다. 객관적인 입장을 적으면서 제 감정은 가능한 배제해야 했죠. 그러고는 또 망했습니다.

딱히 구독자도 조회 수도 늘지 않는 재미없는 글들이 쌓여만 갔습니다. 사람들은 댓글은커녕 좋아요 하트 하나도 눌러주지 않았습니다. 그리고 그날이 왔습니다. 그날은 술을 마신 날이었습니다. 어김없이 고객과 이해되지 않는 우주적인 이야기를 했고, 잘 풀리지 않는 커뮤니케이션의 뒷단을 고민하며 저게 도대체 뭔 말이고 왜 저런 말을 하는 건지 헤매다 받은 열을 맥주로 식히고 있던 초여름이었죠. 감정과 술이 만나면 새로운 화학 작용이 진행됩니다. 밖으로 넘치기 시작하는 것입니다. 넘치는 것들을 브런치에 쏟아내고 잠이 들었습니다. 다음날 조회 수는 제게 무척 놀라운 숫자였습니다. 하지만 딱히 수익이 생기는 일은 아니었기에 조회 수만큼 기분만 좋았습니다. 혹시나 싶어 비슷한 톤으로 다시 글을 써보았습니다. 술 주정 같은 글을 푼 것이죠. 오, 또 조회 수가 나왔습니다. 그렇게 그런 글을 계속 이어나갔습니다.

▶ 나의 욕망에 집중해볼 때

이렇게 글을 쓰자 제게 두 가지의 변화가 생겼습니다. 일단은 속도가 굉장히 빨라졌습니다. 거침없이 써내려갈 수 있었습니다. 이런 톤으로 글을 쓸 때면 증기기관의 '뿌우—' 소리가 제 머리에서 나는 듯했습니다. 또 하나는 어차피 돈을 받는 것도 아닌데 맘대로 쓰자는 마음이 생겼습니다. 이는 두려움을 걷어내 주었습니다. 단어 선택과 표현이 더욱 편한 술자리 이야기와 비슷해졌습니다. 사람들이 댓글을 남기기 시작했습니다. '잘 읽힌다, 신선하다, 자기계발 글이라 지루할 줄 알았는데 완전 빵 터졌다' 등등.

업무와 관련된 기존의 글들이 대체로 강요하는 느낌의 딱딱한 명령문이 많아서였을 겁니다. 맞는 이야기지만 혼나는 기분으로 듣던 자기계발서 대신, 같이 까주고 적절한 비유로 맞장구를 쳐주는 사람이 나타나니 반가웠겠죠. 약간은 냉소적이며 한편으론 정색하고 웃겨주는 캐릭터로 브런치에 자리 잡았죠. 당시엔 그게 실제 저의 모습이기도 했습니다. 구독자분들을 형, 누나 정도로 생각하고 글을 써나가니 사람들은 제 이미지를 상상 속으로 그려놓았던 모양입니다.

가끔 제가 쓴 글을 보고 의뢰를 주셔서, 궁금해 미팅을 나가면 늘 이런 말이 나왔습니다. '오, 글에서 느껴지는 거랑 완전 다른 이미지시네요!' 다들 째진 눈에 차가운 분위기가 물씬 풍기는 좀 나이 있는 사람일 거라 생각했다고 합니다. 의뢰해 온 업체에서도 그런 말을 했습니다. 글쓴이가 대략 40세 초반 정도일 거란 댓글도 심심찮게 보였습니다.

쓰는 글이 순항하고 있던 무렵, 몇몇 분들의 비판 또한 시작되었습니다. '건방지다, 무례하다, 남들도 보는 공공의 플랫폼인데 이런 저속한 표현을 마음대로 써도 되냐, 글이라고 부르기도 아깝다' 등의 댓글을 계속 보고 있으니 저절로 몸을 사리게 되더군요.

좀 얌전하고 차분한 글을 쓰기로 다짐했습니다. 어투도 좀 진지하게 바꾸고, 농담 따먹기보단 연구 자료 같은 것을 함께 들고 왔습니다. 글의 깊이와 전문성은 좋아졌지만 재미가 멸종한 상태가 되었죠. 조회 수는 떨어지고, 사람들의 댓글엔 '요즘 무슨 일 있냐'는 말들이 나오기 시작했습니다. 저와 비슷한 콘셉트로 시작했던 다른 글들이 부상하기 시작했습니다. 그냥 한때 반짝했던 작가가 되었죠.

지금은 슬럼프를 극복하고 대박을 쳤다는 반전 있는 결론이면 좋았겠지만, 그런 일은 쉽게 벌어지지 않죠. 이러나저러나 욕할 사람은 뭘 해도 하는구나 싶은 마음에 이젠 좀 가볍게 쓰고 있습니다. 예전만큼의 시니컬함은 아니더라도 저 특유의 유쾌한 감성을 가감 없이 담아내려 노력합니다. 마음을 비우니 사랑받는 글들이 다시 등장하기 시작했습니다.

글을 써온 이야기를 통해 제가 강조하려는 것은 자기 자신에게 집중하는 시간의 필요성입니다. 소비자를 위해 어느 정도 나를 정제할 필요 있겠습니다만, 궁극적인 콘셉트는 항상 내 중심을 향해 있어야 합니다. 내가 아닌 모습으로 소비자의 욕구를 무조건적으로 맞추는 것은 답이 아닙니다. 그 모습을 받은 소비자도 딱히 기쁜 마음은 아닐 것입니다.

제품과 서비스에는 만드는 사람의 영혼이 담겨져 있습니다. 제품 자체부터 포장과 배송 메시지까지, 모두 제작자의 손끝을 거칩니다. 사람들은 제품을 사는 것이 아니라, 취향과 가치를 구매하는 것이라고 하죠. 정말입니다. 사람들은 제품 자체보다 그 제품이 주는 이미지를 구매합니다. 그 이미지는 이를 만든 당신의 모습 그 자체와 같습니다. 당신이 생각하는 방식처럼 살고 싶어서, 당신이 구현한 결과물을 구매하는 것입니다. 콘셉트는 이미 정해져 있습니다. 바로 나 자신이죠. 내 안에 있는 많은 것 중에 어떤 부분을 꺼낼지 고민해 봅시다.

있어 보이려
하지 말고

■ **가볍고 빠르게**
■ **브랜딩 시작하기**

앞서 말했던 '나'를 담아내는 과정에 실패하면 종종 거품만
남는 결과가 생길 수 있습니다. 추상적인 단어 뒤로 숨어버리
는 것이죠.

'난 사회에 도움이 되는 일을 하고 싶어.'
'난 가치 있는 일에 집중할 거야.'
'선한 영향력을 퍼뜨리는 일을 하겠어.'

대체로 저런 명제들입니다. 이 명제 자체가 잘못됐다는 건
아닙니다. 구체적인 내용을 이미 가지고 있는 상태에서 본질
에 대해 자꾸 설명한다면 이 명제는 철학적이고 의미심장한
말이 됩니다. 하지만 알맹이가 없다면 듣는 사람에겐 그저 뜬
구름 같은 문장일 뿐입니다.

▶ 두려워도 직면해야 할 '막연함'

제품과 서비스에 자기 자신을 온전히 담아내는 건 어렵다
기보단 두려운 일입니다. 사람들이 상품을 통해 나를 전부 간
파해 버릴 것 같고, 만약 상품에 대한 부정적인 의견이라도 달
리면 나라는 존재를 부정하는 듯한 느낌에 사로잡히죠. 치부
를 드러내는 일처럼 느껴지기도 합니다. 누구나 평가 당하는
건 무서운 일입니다. 그렇기에 더더욱 결정하기가 힘들죠. 두
려움에 지나치게 사로잡히지 않도록, 착각하기 쉬운 몇 가지
생각들을 소개하려 합니다. 가끔 의심스러울 때마다 유념하면
좋겠습니다.

일단, 내가 제품에 담아내는 것은 내 전부가 아닙니다. 사
람은 본래 여러 가지 모습을 지니고 있습니다. 친구, 가족, 회

사 동료와 함께할 때 모두 다른 모습으로 존재하죠. 같은 친구라도 A를 만날 때와 B를 만날 때의 말투와 느낌은 전혀 다릅니다. 수많은 나의 모습 중 제품과 서비스, 각각의 상황에 가장 적합한 모습을 골라 담아냅니다.

둘째, '나는 ○○한 성격입니다'를 꼭 대놓고 드러낼 필요 없습니다. 소비자가 파스텔 톤을 좋아한다고 무작정 따라갔다가 후회하지 말란 이야기입니다. 굳이 안 보여줘도 될 성격까지 보여주라는 말은 아닙니다. 받아들일 수 있는 한도 내에서 자연스럽게 행동하는 것이죠. 그리고 '나를 담는 것'은 남에게 보여주기 위함이 아니라 자신이 흔들리지 않으려 스스로 기준을 세우는 일입니다. 너무 멀리 있는 깃대를 바라보며 달리는 건 위험한 일이니까요. 내 안에 목표로 삼을 깃대를 세운 뒤 주변을 관찰하는 게 더 쉽고 명확하게 도달하는 방법이기에 말씀드리는 겁니다.

셋째, 제품이 지닌 매력이 곧 '나'의 매력은 아닙니다. 제품과 서비스의 콘셉트는 '나'의 일부일 뿐입니다. 판매에는 가격, 트렌드, CS, UX, 품질, 디자인 등 다양한 소요가 반영됩니다. 콘셉트만으로 모든 것이 해결되진 않으니 너무 자신과 동일시

할 필요는 없습니다.

이런 안전 장치를 말씀드렸으니, 안심하고 내 매력 포인트 중 가장 상품성이 좋아 보이는 걸 뽑아내 봅시다. 참고로 제 매력 포인트는 '재밌고 쉬운' 것입니다. 그리 어려운 표현을 좋아하지도 않는 데다, 재미가 없으면 뭐든 쉽게 질리는 터라 스스로 즐거워야 잘 만들어졌습니다. 그래서 이 콘셉트를 고수하고 있고, 이를 좋아하는 소비자들도 생겨났습니다. 이제 이렇게 만들어낸 매력들로 상품의 브랜드를 만들면 되겠습니다.

▶ 막막한 처음에는 '티키타카'

브랜딩이라는 단어는 매우 무겁습니다. 막막하죠. 하지만 우린 혈혈단신입니다. 혼자 제품도 만들고, 미팅도 다니고 세금도 내야 하고, 서류도 쓰고, 커뮤니케이션도 다 해야 합니다. 그 와중에 밥도 먹고 잠도 자야 합니다. 브랜딩할 시간은 절대적으로 모자랍니다. 그러니 처음엔 가볍게 가는 것이 좋겠죠.

가이드까지 만들 시간은 없습니다. 먼저 이름과 로고를 빠르게 정합니다. 여기서 비용을 지나치게 많이 들이지 않는 게 좋습니다. 물론 심도 있게 고민해서 만든 로고는 그만큼 디자인적으로도 의미적으로도 티가 나겠지요. 하지만 지금 우린 돈이 없습니다. 게다가 바쁩니다.

로고를 만들 때 요청 사항은 명확합니다. 제품에 담고 싶은 성격을 명확히 말해줍니다. 브랜드가 가진 것 중 일부를 설명해주는 것이죠.

"이 브랜드는 굉장히 유쾌하고 재미있는 말 많은 친구입니다. 날마다 만나진 않아도 재미있는 모임이 있으면 꼭 부르고 싶은 그런 친구와 같죠. 평소에 답답하거나 생각 없이 놀고 싶을 때 함께하면 온종일 배꼽이 빠집니다. 방문하는 것만으로도 키득키득 웃음이 나옵니다."

이처럼 브랜드가 지닌 성격과 정체성을 잘 설명합니다. 더불어 브랜드를 쓰는 사람의 특성도 덧붙입니다. 타깃을 정할 땐, '20대 직장인 여성'처럼 들뜨게 설정하지 않아야 합니다.

"밤낮없이 일하는 디자이너인데 하루 정도는 자길 위해 시간을 쓰고 싶은 호캉스Hotel Vacance족. 그날만큼은 후드티를 벗고 예쁜 옷에 멋진 공간에서 머물고 싶어 하는."

이런 식으로 우리 브랜드를 쓰는 사람은 어떤 사람인지, 그 사람이 어떤 상황에 우리 브랜드를 쓰는지 떠올릴 수 있도록 적어줍니다. 자세한 디자인 주문 내용은 디자이너의 요청에 따라 말해줍시다. 디자이너가 아닌 이상 이 정도만 말해줘도 훌륭하다고 생각합니다. 동작과 상황, 감정으로 묘사해 주는 건 좋은 방식입니다. 이렇게 설명해 줬는데 '이게 무슨 말이에요! 그러니까 원형인지 네모인지를 말해주셔야죠'라고 한다면 그건 디자이너의 내공 부족이므로 기죽지 않으셔도 됩니다.

▶ 잘 뜰 수 있게, 잘 떠오르게

로고와 심벌symbol 둘 다 만들고 싶겠지만 여력이 안 된다면 로고를 우선 만듭니다. 이미지는 글자보다 빠르게 인식되지만 그만큼 빨리 잊힙니다. 연결될 다른 대상이 없다면 말이죠. 글자는 '의미' 측면에서 이미지보다 힘이 좋습니다. 얼마 전 투자를 받은 허경환 대표의 회사 이름이 '주식회사 얼떨결'이라는 걸 듣고 무릎을 쳤습니다. 투자 받았다는 기사 제목이 이렇더군요. '○○벤쳐스, 얼떨결에 투자 계획'. 의도한 것인지는 모르겠으나 한동안 생각나는 이름이었습니다.

로고를 만들면서 색도 뽑아봅시다. 하나에서 세 가지 정도로만 골라 정해봅니다. 디자이너의 손길이 닿는다면 아름다운 조화를 만들 수 있겠지만 일단은 세 가지 색을 모아놓은 사이트에서 살펴봅니다. 브랜드 디자인은 영원불멸한 것이 아닙니다. 계속 발전하고 변화하는 것이죠. 색 하나 고르는 데 며칠씩 고민하지 않아도 됩니다. 돈을 좀 벌고 제대로 시작할 시기가 되었을 때 정식으로 기획 가능한 업체나 디자이너와 심도 있는 미팅을 갖는 게 좋습니다.

외부로 나갈 명함, 소개서, 계약서, 견적서, 브로슈어 등에 먼저 디자인을 적용합니다. 개인적으로는 이 과정에 필요한 문서를 간단히 만들수록 작업은 효과적이었습니다. 계약서는 전자 계약으로 돌리고, 견적서는 엑셀 파일로 만듭니다. 수식은 바로바로 걸어놔야겠죠. 바보 같게도 전 견적서를 예쁘게 만들겠다고 포토샵으로 만들어놨다가 매번 견적서 요청이 올 때마다 PSD파일을 여는 짓을 반복하기도 했습니다. 브로슈어는 일러스트레이터로 만들면 좋겠지만 힘들다면 PPT나 노션Notion을 통해 제작해도 괜찮습니다. 요즘엔 종이로 된 브로슈어를 많이 쓰지 않으니, 굳이 물성 있는 인쇄물로 만들지 않아도 좋습니다. 언제든 PDF로 발송할 수 있도록 클라우드 같은 별도의 저장 공간에 저장합니다. 생각보다 모바일로 파일을 보내야 할 상황이 많이 벌어집니다.

웹페이지에 어마어마한 공을 들이지 않아도 괜찮습니다. 처음부터 하나하나 만들어나가기 어렵다면, 일단 템플릿 사이트를 활용해 봅니다. 아름다운 디자인을 만들 여력이 되지 않는다면, 멋진 카피로 승부를 봅니다. 예쁜 사진 역시 사이트의 도움을 받거나 사진에 미친 '찍사' 친구에게 매달려 봐도 좋을 듯합니다.

SNS 채널 운영은 성급하게 결정하지 않습니다. 언제 어떤 걸 어떻게 올릴지 SNS 업로드 기획안을 마련한 다음 그 조건을 지킬 수 있는 콘텐츠부터 하나하나 올립니다. 온라인 콘텐츠에선 양이 질을 보장하진 않습니다. 하지만 질에 대한 분석이 나오려면 사람들의 반응을 끊임없이 관찰하고 살펴야 합니다. 꾸준한 업로드는 그 데이터가 되어주죠.

답을 왜 벌써 정해놓는가

■ 고쳐보기로
■ 마음 고쳐먹기

"야, 생각해 봐. 직장인들이 아침에 배가 고프잖아. 근데 시간은 없으니까 보통 카페 가서 대강 커피 한 잔 사오거나 편의점에서 산단 말이야. 유동 인구 많은 곳엔 아침에 편의점 줄 완전 길게 서 있고. 너도 알지? 아침에 직장인들이 먹을 수 있는 간편식을 만들어서 회사로 배송해 주는 아이템 어때? 시리얼이랑 뭐 간단히 먹을 수 있는 걸로. 회의 시간에도 먹으면서 일할 수 있게."

"좋긴 한데… 그게 사실 먹을 수 있는 날도 있고 아닌 날도 있지 않아? 그리고 회의 시간엔 뭘 먹으면 체할 거 같아. 그냥 삼각 김밥 사 먹는 게 더 편할 때도 있고."

"에이, 그래도 그건 아니지. 건강하게 아침 먹으며 직장 다니고 싶은 건 다 마찬가지 아니겠어?"

"음, 뭐 상식적으론 그럴 수 있는데. 사실 난 아침 먹으면 속이 더 불편한 것 같더라고."

"안 그런 사람이 훨씬 많을 거야. 막상 그렇다고 해도 어차피 아침이 아쉬운 사람에게만 팔면 되지 않을까?"

"그래서 언제부터 시작해 볼 건데?"

"일단 구상 중이야."

"그거 1년 전에도 구상했잖아."

"이건 좀 신중해야 돼. 유행 잘 타기 때문에."

"아침밥이 뭔 시즌을 타?…"

▮▶ 답이 정해진 질문을 반복하는 이유

친구로부터 이 말을 들은 지는 1년이 넘었습니다. 만날 때마다 대화 주제가 조금씩 달라지긴 하지만 결국 결론은 하나였습니다. '이걸 할 건데, 맞지? 좋지?'에 대한 동의였죠. 무슨 '개인정보동의를 하지 않으시면 다음 단계로 갈 수 없'는 것처럼 매우 답정녀('답은 정해져 있어 너만 대답하면 돼'의 줄임말)인 질문입니다. 사실, 저 친구는 과거의 제 모습입니다. 끊임없이 남들에게 제 아이템이 얼마나 좋은지 설명하고 동의를 구하러 다니곤 했습니다.

이런 식의 질문은 대부분 세 가지 이유에서 시작되었습니다.

① **내 말이 맞다는 걸 확인하고 싶습니다.**

사실 해보지 않은 일이기에 본인도 자기 주장을 신뢰하지 못하는 상태입니다. 아직 어떤 행동도 없었기 때문에 인지조화나 합리화도 이루어지기 어려운 것이죠. 이럴 땐 외부의 지지를 통해 정당성을 부여하려고 합니다. 내가 하고 있단 게 지금 틀리지 않단 걸 확신하고 싶습니다.

② **책임을 분산하고 싶습니다.**

스스로 결정하고 행동했을 때 그에 대한 대가는 오롯이 짊어져야 합니다. 무서운 일입니다. 그래서 우린 이 무게를 나누고 싶어집니다. 스스로 선택했다는 사실을 잠시 내려놓고 '아, 그때 그 말을 듣지 말았어야 했는데…' 식으로 책임을 분산시키는 것이죠. 누굴 딱 찝어 탓할 순 없(고 또 그래서는 안 되겠)습니다. 하지만 심리적 지지선을 확보할 수 있죠.

③ 내가 얼마나 힘든 일을 하고 있는지 설명합니다.

보통 사람들이 일을 시작하기 전에 하는 행동 중 하나는 그게 얼마나 어렵고 힘든 일인지를 설명하는 것입니다. '이런 어려움이 있고 지금까지 이런 걸 해본 사람은 없으니 따라서 잘못되어도 내 책임이 아니라 일 자체가 원래 빡셌던 것이다' 를 어필하며 자기방어를 하는 것이죠. 더불어 이런 어려운 일을 수행하려는 자기 자신에 대한 자존감도 높입니다.

▶ 겁만 자꾸 잡수시지 마세요

이유만 들어보면 세상 겁쟁이입니다. '저러면 안 되지!'라며 혀를 차고 싶겠지만 사실 저건 나쁜 행동이 아닙니다. 당연한 방어기제이며 누구나 가지고 있는 생각입니다. 아무리 쿨하고 무덤덤한 사람도 불안에서 자유롭진 못하죠. 다른 방향으로 우회하거나 그에 대한 반응을 다르게 선택할 뿐입니다.

하지만 1년 내내 같은 질문만 하면서 하나도 실천하지 않았다는 것은 문제가 있습니다. 여기서의 문제는 사업성이나 실천력 수준에서 고쳐질 일이 아닙니다. 애초에 그 일을 하고 싶지 않은 것일 가능성이 크죠. 양가감정만 존재하는 상태입니다. 지금 이대로 영원히 살 순 없고, 다른 일을 해봐야 하는데 아직 구체적인 동기나 필요성이 없는 상태입니다. 해보고 싶다는 정도의 희망 사항이죠. 머릿속으론 뭐든 할 수 있습니다. 우주 정거장도 쉽게 만들 수 있죠. 실제로 닥칠 공포는 아직 시작되지 않았습니다.

　퇴사를 하고 홀로 이것저것을 해보기 위해 돈을 쓰다 보면 통장 잔고가 이토록 나약한 것이었나 싶습니다. 공포는 여기서 시작됩니다. '이러다 인생 망할 수도 있겠다, 아무도 날 지지해주지 않는구나, 내가 틀렸어'라는 생각이 머릴 지배하기 시작하면 자포자기하고 다시 이전 상태(재취업)으로 돌아가거나, 사람들에게 끊임없이 위로 받기 위해 돌아다니는 상태가 됩니다. 네트워킹 파티나 미팅, 강의, 조언을 빙자한 아무 말 잔치가 시작되죠.

　완벽한 문장을 구축하고 명제로 만들어놓은 다음 마음의 안정을 찾아봅시다. 앞에서도 말했다시피, 불안은 추상적인 언어로 덮을 수 있습니다. 진짜 뭔가를 해야겠다 싶은데 너무 무섭다면, 불안을 멎게 하는 모호한 단어 대신 다음 방법을 참고하길 바랍니다.

① 바로 시작하지 마세요.

'퇴사해도 괜찮아', '시작이 반이다', '일단 저지르고 봐', '대충 살자' 등의 명제는 일단 접어서 서랍 속에 넣어놓으세요. 안 괜찮습니다. 퇴사하고 돌아서면 끝도 보이지 않는 나머지 인생을 제대로 직면할 테니까요. 섣불리 퇴사하지 않아도 됩니다. 여건이 된다면 투잡으로 시작합시다. 퇴근 시간을 활용해서 조금씩 '딴 짓'으로 발전시켜 보는 걸 추천합니다. 통장이 마르면 심리적 지지선이 무너지기 시작합니다. 빚내서 올인할 정도로 강인한 의지가 있다면 좋겠지만, 홀로서기는 의지만으론 되지 않습니다. 수년의 실패와 인내가 필요하죠. 게다가 소비자는 이제 갓 시작한 상품이나 서비스에 열광할 이유가 없습니다. 완성도나 인지도 측면에서도 현저히 떨어질 테니까요. 혼자 조금씩 내실을 다지며 완성도를 높이는 것에 집중합시다.

② 의견이 많아지면 평균에 수렴합니다.

통계를 낼 때 몇 가지의 원칙이 있습니다. 일단 표본이 믿을 만해야 하죠. 보통 통계에선 이를 위해 점추정과 구간추정을 활용합니다. 내가 주스 사업을 하고 싶다고 하면 딱 내가 원하는 주스 사업을 하는 분들에게만 물어보는 게 점추정, 음

료나 카페 사업을 하는 분들에게 물어보는 게 구간추정입니다. 무작위로 아무 친구에게 물어보는 것은 상당히 신뢰도가 떨어지는 자료 추출 방식이라고 할 수 있죠.

또한 우리가 결론을 내는 방식은 프랑스의 수학자 드 무와브르A. de Moivre의 동전 던지기 실험처럼 5번을 넌져 앞면이 나온 횟수를 평균으로 정하는 것과 같습니다. 실제로 내 의견과 상관없이 그들의 의견만을 수렴하는 것입니다. 이를 모평균이라고 합니다. 사실 그들은 내가 원하는 평균과 값에는 관심이 없습니다.

여기에 더해 많은 사람에게 물어보면 물어볼수록 그건 결국 '해라/말아라'의 반반 비율로 수렴하기 시작합니다. 뚜렷하게 나뉠 만한 도덕적 가치가 반영되거나 한쪽 답변이 완전 이상한 게 아니라면 보통의 답변은 '맘대로 해', '현실적이지 못해', '일단 해보자!'로 나뉘기 때문이죠. 이야기를 많이 들을수록 더 혼란스러워집니다.

- 내가 믿을 수 있는 동종업계 분야의 사람에게

- 정해놓은(내가 정한) 횟수만큼만 듣고

- 그들의 의견을 적어서 분석한 뒤

- 최종적으론 내가 직접 결정하기

③ 차분해질 때 결정합니다.

기획이 너무 아름답고 멋져 보일 땐 어떤 말도 들리지 않습니다. 생각은 꼬리에 꼬리를 뭅니다. 정보는 자꾸 연합하려고 하죠. 의식 상태에서 우리 뇌는 통합적인 사고를 합니다. 수많은 요소를 연결시키고 다양한 정보들을 엮어 한 덩어리로 만듭니다. 자꾸 정보들이 섞이면 본질이 흐려지기 시작합니다. 모든 것이 완벽하다고 생각될 때를 제일 경계해야 합니다. 그런 기획은 실상 존재하지 않으니까요.

마음을 차분히 가라앉히고 적당한 불안감이 있을 때 시작합시다. 불안 요소를 적어놓고, 밀어붙여야 할 동기를 동시에 놓고 가는 겁니다. 예측된 불안 요소는 더 이상 장애물이 아닙니다. 해결해야 할 숙제일 뿐이죠. 이때 내가 차분해질 수 있는 나만의 루틴을 잡아놓는 것이 좋습니다. 저는 등산을 좋아해서, 주로 산에 오르면서 생각 정리를 합니다. 사실 정리라기 보단 너무 힘들어서 아무 생각이 들지 않도록 만드는 게 주목적입니다. 산장에 올라가서 하는 일도 없이 멍하게 있습니다. 이때 곁가지를 치고 문제를 단순하게 만듭니다.

- 해야 한다면 왜 해야 하는지
- 하지 말아야 한다면 왜 하지 말아야 하는지

– 시작한다면 무엇부터 해야 하는지

이 세 가지 질문에 대한 답만 가지고 다시 현실로 돌아옵니다. 생활이 쪼들리지 않을 만큼 통장에 돈을 채우고, 청심환을 하나 삼킨 다음 심장 박동을 인정시키고, 세 개의 답을 벽에 붙여놓고 차근차근 눈앞에 보이는 것부터 합니다. 그렇게 하나씩 시작합니다.

작업에 필요한
말, 글, 행동

■ 전화, 메일,
■ 만남의 중요성

굳은 결심으로 무언가를 만들기로 시작했다면 당신이 해야 할 일은 세 가지입니다. 일단 누군가에게 전화를 하고 메일을 쓰고 발로 뛰는 것이죠. 듣고 보면 별것 아닌 이 사소한 소통의 과정들이 모이고 모여서 판매를 만들어 냅니다. 하지만 굉장히 촘촘한 소통이기에 탁월한 한 끗을 찾아내기가 쉽지 않습니다.

상품과 서비스를 만들었다면 그건 몸통과 같습니다. 전화와 메일과 영업은 손과 발, 얼굴에 해당하죠. 어쩌면 상품보다 먼저 접하는 첫인상이 될 수도 있답니다. 소소한 팁에 대해 모두 나열하면 또 한 권의 책을 써야 하니, 여기선 제가 실제로 영업을 뛰면서 느낀 쉽지만 꽤나 유용한 팁들을 전화, 메일, 미팅 모두 다섯 가지씩 소개해 보겠습니다.

▶ 통화 내용 가지치기

① '안녕하세요' 대신, 어디에 속한 누구라고 먼저 밝힙니다.

"애프터모멘트 박창선 대표입니다."
"(아, 대표님이세요? 저 홍길동 실장입니다.)"
"아, 네. 안녕하세요?"

이 순서로 나가는 겁니다. 이때 '아, 네'는 반갑게 올려줘야 합니다. '아! 당신이군요!'라는 느낌으로, 보이진 않지만 눈을 동그랗게 뜨고 전화를 두 손으로 쥐기도 합니다. 가끔 전화로 '안녕하세요' 하며 직접 고개를 숙이는 분도 있더군요. 뭐 어찌 되었든 좋습니다. 일단 '안녕하세요'는 두 번째 문장입니다. 어느 회사의 대표, 또는 어떤 일을 하는 누구인지 먼저 밝힙니다.

② 인트로는 '다름이 아니라'가 좋습니다.

'다름이 아니라'를 붙입시다. 한 템포 쉬어가면서 말하는 사람 입장에서도 멘트를 정리하기에 좋은 습관입니다. 상대방도 뭐가 다름이 아닌지 궁금하게 만들어 줍시다.

③ 모두 바쁘니까 용건부터 말합시다.

본인 사정부터 늘어놓는 경우가 있습니다.

"아, 저희가 이번에 **MDF** Medium Density Fibreboard로 제작하려고 했던 것이 시공 업체 쪽에서 조금 문제가 있다고 하더라고요. 그래서 아마 자재 받아보시려면 일정 조금 늦어질 거 같다고, 차라리 다른 것이 어떻겠냐고 추천해 주셔서요. 제가 보니까 그것들도 나쁘지 않던데…"

이런 식으로 말이죠. 몇 마디 더 들으면 눈물 없인 들을 수 없는 가슴 아픈 사모곡이 될 수도 있습니다. 상대방으로 하여금 영화 〈7번방의 선물〉을 본 느낌을 주고 싶은 게 아니라면 간결하게 용건부터 말합시다.

④ 어떤 전화들이 올지 미리 짐작해 놓습니다.

전화 받았는데 '왜 전화하셨어요?'라는 말투면 상대방이 벙찔 수 있습니다. 대충 누구에게 연락이 올 것 같고, 어떤 문제 때문인지 정도는 짐작해 놓는 것이 좋습니다. 그럼 대화가 빨리 끝날 수 있죠.

⑤ 마지막엔 복명복창합니다.

콜센터에서 전화 교육을 받을 때나 영업을 뛰던 시절엔 전화에 대한 답변 훈련을 정말 많이 했습니다. 이때 선배들이 알려준 꿀팁은 복명복창입니다. 상대가 했던 말을 기억했다가 다시 말해주며 교차 확인하는 과정이죠.

말을 잘하는 것과 말이 많은 것은 엄연히 다른 얘기입니다. 전화의 생명은 간결함과 명확성이죠. "즈음(추후)에 확인하고 알려드릴게요", "되면 알려주세요", "보내놓은 상태다", "아마도" 등등의 뜬구름 표현은 좋지 않습니다. 시간과 업무 내용을 명확히 해놓으면 당장 할 일이 생기긴 하겠지만, 어쨌든 순서를 정할 수는 있습니다. 근데 기한이나 내용이 두루뭉술해지면 대부분의 일들을 다 후순위로 밀어버리는 것이 또 사람의 본성이죠. 인간의 게으름은 끝이 없고, 같은 실수를 반복합니다. 후순위로 밀려난 거대하고 사소한 일 더미는 결국 내일의 나에게 '누락'과 '망함'을 선사합니다.

▶ 기교 좋은 메일 쓰기

우리가 가장 애용하는 일터의 창구, 메일의 경우도 한번 알아보겠습니다.

① 안부 인사는 깔끔하게 한 줄로 전합니다.

가장 처음의 멘트는 '안녕하세요, 어디에 속한 누구입니다' 정도가 좋을 것 같습니다.

② 파일을 첨부했을 땐 반드시 '첨부한 파일 확인 부탁드립니다' 같은 이야기를 본문에 해놓습니다.

다양한 종류의 파일을 보낼 땐 각 파일명을 정확하게 바꿔줍니다. '2222.pdf' 이렇게 되지 않도록 말이죠. 설명이 필요하다면 파일 설명을 〈1. 제품소개서 : 각 제품의 스펙과 대략적인 내용〉와 같이 간략하게 적어줍시다.

③ (프리랜서라면 특히) 소개서 첨부를 생활화합니다.

나를 찾는 제휴, 강의 요청, 의뢰 등의 메일이 오면 모두 기분 좋게 임하고 싶습니다. 하지만 몸은 하나뿐이라 모든 일을 다 할 수 없죠. 시간이 안 맞고 현재 역량이 안 되거나, 결이 좀 달라서 거절하는 경우가 생길 것입니다. 이때 거절하는 메일도 기회가 될 수 있습니다. 사실 우리 제품을 전혀 모르는 사람보다 어느 정도 알고 연락 온 사람에게 영업하는 것이 훨씬 쉽죠. 거절이든 승낙이든 모든 답장을 보낼 땐 소개서를 첨부파일이나 링크를 걸어 보내도록 합시다. 생뚱맞아도 괜찮습니다. 자신의 능력과 자질에 대해 기를 쓰고 알려야 하니까요.

④ 서명 란에 제품 소개, 자기소개를 꼭 넣으세요.

명함을 직접적으로 주기 어려운 상황이라면 메일 하단의 서명을 붙여봅시다. 메일 하단의 정성스런 서명은 가끔 좋은 명함이 되어줍니다. 그냥 연락처만 적어놓는 건 좀 허전해 보입니다. 그리고 이름만 적혀 있을 때보다 이미지가 있을 때 더욱 눈길이 가기 마련이죠. 깔끔하고 예쁜 메일 서명 이미지를 하단에 넣어봅시다. 저는 좀 귀찮지만 메일 하단에 이미지로 서명을 넣곤 합니다.

⑤ 요청을 거절할 땐 가능한 조건을 함께 넣어주세요.

– 다음 주까지 7백 개 납품이 가능하냐고 묻거나

– 급한 일정으로 디자인 요청을 하거나

– 아직 구체적으로 정해지지 않은 기획에 대한 개발 의뢰

거래처에서 이런 요청이 왔다고 가정해 봅시다. 말도 안 되는 조건은 당연히 거절해야겠죠. 하지만 그냥 못한다는 답으로만 메일을 끝내면 읽는 상대는 허무할 수 있습니다.

- 7백 개까진 어렵고 1차 3백 개, 2차 4백 개로 일정을 좀 나누면 가능
- 수정 없이 한 번에 진행하겠다고 하면 가능
- 기획 단계에서 제가 참여한다는 조건 하에, 기획비를 추가로 지급한다면 가능

위처럼 내가 가능한 조건을 역으로 제안해 봅시다. 실제로 저는 이런 식으로 조율한 다음 더 많은 의뢰를 진행할 수 있었습니다. 저도 여러 업체를 알아보며 비교 견적을 내는 경우가 있었는데, 이거 매우 피곤한 일입니다. 고객이 기존에 거래하던 업체 대신 나에게 연락을 주었을 때 직접 찾아봤거나, 소개받았거나, 대부분 급한 상태입니다. 그래서 본인이 다른 업체를 더 알아보기도 힘들어서 나에게 비교 견적까지 함께 요청하기도 하죠. 사실 고객이 제시하는 조건은 확정안이 아닐 경우가 많고 제대로 알고 의뢰하는 경우도 많지 않습니다. 일단 던지고 보는 거죠. 그러니 글자 그대로만 받아들이지 말고 적극적으로 조율을 시도해 봅시다.

▶ 직접 만날 때 더 잘해야 할 것들

발로 뛸 때는 간단하게 다섯 가지 사항들을 참고하면 좋겠습니다.

① 가급적 먼저 와서 기다리는 게 유리합니다.

일단 미팅에서 나의 위치를 조금 우위로 잡을 수 있습니다. 그리고 장소는 가능하다면 제3의 장소로 정하거나 '내가 편한 장소'로 부르는 것이 좋습니다. 다음 일정이 있다, 판교에서 넘어가려면 조금 애매한데 중간에서 만날 수 있냐 등 할 수만 있다면 클라이언트 회사에서 멀어지는 것이 좋습니다. 확실히 상대방 회사 사무실로 찾아가면 좀 위축되기도 하거든요. 홈구장과 원정 경기의 차이랄까요.

② 만남보다 헤어짐이 더 중요합니다.

최종적으로 조율된 사항에 대해 마지막으로 한 번 더 주지시키고 헤어지기 전에 건넬 작은 굿바이 선물을 준비해 봅시다. 우리 제품이나 서비스 관련된 굿즈라면 무척 좋을 것 같습니다. 만나자마자 주는 것보다 헤어지기 전에 주는 것이 좋습니다. 너무 거창하지 않으면서 두세 번 이상 꺼내볼 수 있는 선물이 좋습니다. 아직 그런 게 없다면 간편식이나 작은 초콜

릿 정도도 괜찮습니다.

③ 미팅 전에 담당자의 뒤를 캐봅시다.

요즘 세상엔 두세 다리만 건너면 바로 SNS에서 찾을 수 있고 좋아하는 TV프로그램, 가수, 드라마를 알 수 있죠. 개와 고양이 중 뭘 좋아하는지, 최근에 시작한 운동은 뭔지, 여행은 어디 다녀왔는지 모두 파악할 수 있답니다. 안건에 대해 논리적으로 이야기하는 것도 중요하지만, 대체로 우리는 만나자마자 일 이야기부터 나누지는 않죠. 가볍게 서로의 공통 관심사를 먼저 꺼내면서 경계를 푸는 게 우선입니다. 관계가 구축되어야 그 위로 제품과 서비스가 흘러갈 수 있습니다.

④ 한 큐에 끝내지 않아도 됩니다.

영업 뛸 때 한 번에 성과를 따오는 경우는 드뭅니다. 보통 몇 차례 더 만나면서 관계를 쌓고 신뢰를 구축한 다음 아주 서서히 진행해 갑니다. 천천히 밀고 당기면서 서로의 니즈를 조율하기도 합니다. 우리 대부분은 전문 영업직이 아니기에 기회가 많지 않을 수 있습니다. 그렇기 때문에 더더욱 마음이 조급하죠. 이번에 빨리 거래를 따내야 할 것 같은 불안이 마음을 지배합니다. 이걸 진정시켜야 합니다. 대화에 조급함이 보이는 순간 미팅은 산으로 가버리고 마니까요. 말이 빨라지고 많아지다가 상대방의 표정이나 대화의 핀트를 놓치기 십상입니다. 내 말만 하게 되죠. 오늘 끝내야 할 안건들을 미리 정리해서 미팅에 나가고, 혹시 그게 다 끝나지 않았다면 과감히 다음 미팅을 한 번 너 잡아봅시나.

⑤ 명함이나 브로슈어는 나중에 나눠도 괜찮습니다.

첫인상이 중요하다고 해서 반짝반짝 정장을 입고 나갈 필욘 없습니다. 너무 무례하지 않을 정도의 차림새면 됩니다. 자료가 멋지거나 화려한 디자인일 필요도 없습니다. 브랜드는 통일된 디자인이 아니라 통일된 행동과 사고에서 나옵니다. 당신 자체가 브랜드죠. 악수하는 자세, 말투, 앉은 자세, 손짓 등 보이는 모든 것이 당신의 이미지를 구축합니다. 가방에서 브로슈어를 주다가 허둥대느니 차라리 차분하게 악수를 건네고 밝은 미소로 상대방과 좋은 대화를 나누는 게 더 좋습니다.

가장
보통의 통찰

컨슈머 인사이트
Consumer Insight

"야, 어제 그 드라마 봤어?"

"오오, 봤어, 봤어. 완전 대박! 아니, 그 여주인공 하고 나온 귀걸이 완전 예뻐서 나 어제 막 찾아봤잖아."

"근데 그거 J사 제품이던데, 난 저번에 샀다가 좀 실망했어."

"왜?"

"그거 몇 번 안 찼는데 다 까지고, 큐빅은 금방 떨어지고 나중에 A/S 맡겼더니 받는 데 3주 걸렸잖아."

"헐, 진짜? 어디 갔는데?"

"가까운 신촌점 갔지. 아, 이럴 줄 알았으면 그냥 동네에서 고쳐달랠 걸 그랬어. 괜히 멀리 가서는."

"아, 거기 나 저번에 봤는데. 그 초밥집 옆에 거기지?"

"맞아. 그 옆에 초밥집도 가봤는데 진짜 완전 맛집."

"그럼 저녁은 초밥 먹으러 갈까?"

"거기 오늘 안 할걸? 거기 원래 옆 건물 사장님 아들이 일본에서 요리 배워와서 개업한 곳인데 엄청 신실한 크리스천이야. 그래서 주일엔 쉰다고 했어."

"그런 건 또 어떻게 알았대?"

"엄청 잘생겼더라고."

"오오, 완전 교회 오빠네. 나이가 젊어?"

"고작해야 우리보다 한 세 살 정도 많아 보이나? 근데 난 교회 오빠 스타일은 좀…"

▶ 생각 재고를 확인할 것

(들으려고 들은 건 아닙니다만) 스타벅스 옆자리에서 이런 대화를 40분 내내 경청했습니다. 이어폰의 외부 소음 차단성이 꽝이었기 때문이죠. 주제를 넘나드는 편견 없는 대화를 듣고 있자니 좀 아득해지는 느낌도 있고, 사실 최근 유행하는 드라

마나 귀걸이나 맛집이나 유행어는 물론이고 회사에 대한 이야
기로까지 넘어가니 속이 답답해지기도 했습니다. 대충 일하
자, 어차피 내년에 그만둘 건데, 휴가는 어디로 갈 거냐, 왜 옆
팀장님은 우리 팀 과장님에게 집적대는지 등등을 듣고 있으니
막 울컥하기도 하고, 이렇게 꼰대가 되어가나 싶더군요.

　하지만 짐을 챙기고 나오는 길에 한 대 맞은 느낌이 들었
습니다. 소비자들의 언어로 콘텐츠를 만들고, 직장생활에 대
한 글을 쓰다면서 오히려 이를 소비해 줄 사람들에게 나도 모
르게 낮은 담을 쌓고 있었던 것은 아닐까 싶었습니다. 은연 중
에 소비자를 '그들'이라고 부르기 시작하고 전 일에 매몰되어
갔죠.

　영화를 본 지도, 콘서트에 간 지도, 미술관에 가본 지도 언
제인지 까마득합니다. 지난 1년 동안 제 기억은 그저 노트북
모니터와 거래처 미팅, 강의, 글쓰기 등등… 책상과 합정동 근
처가 전부였습니다. 심지어 동호회나 모임 등 누군가를 만나서
다양한 대화를 나눠본 지도 오래되었습니다. 그저 일만 했죠.

　머릿속에 지금까지 쌓아온 자원만으로 재탕하고 있는 것
입니다. 사람들이 열광하는 셀럽Celebrity과 콘텐츠도 뒤늦게
알게 되었죠. 주변 사람들을 만나서 하는 말들도 그렇습니다.
매번 거의 비슷한 말들과 레퍼토리로 이야기가 진행됩니다.

내 앞에 있는 사람이 달라졌을 뿐 어제 만난 사람에게 했던 얘기 내일 만난 사람에게도 동일하게 하죠. 혼자만의 성을 쌓고 그 안의 자원으로만 살아가면 소비자를 끌어올 수 없습니다.

▌▶ 마주한 일상을 영감으로

혼자서 일을 하다 보면 고립감을 느낄 때가 있습니다. 직장 다니는 친구와는 서서히 공통 주제가 사라져갑니다. 결혼한 친구와의 대화는 더더욱 쉽지 않죠. 만나는 사람들이 죄다 크리에이터나 대표님들뿐입니다. 자, 지금 연락처를 꺼내서 자주 연락하고 있는 사람들과 상단의 채팅창 멤버들을 한번 봅시다. 다들 뭐하는 사람들인가요?

나를 이해하는 사람과 같은 업종에 종사하는 사람들만 모여 있는 작은 섬 같습니다. 그곳에 소비자는 없습니다. 모두가 생산자의 입으로 얘기하고 있죠. 이것은 매우 경계해야 할 현상입니다. 소비자를 위해 무언가를 만들겠다고 결심을 했지만 정작 내 모든 일에 그들의 의견은 하나도 포함되어 있지 않죠. 댓글을 보지도 않고, 구독자에게 피드백을 받지도 않습니다. 불만 사항은 시간이 해결해 주겠지 싶고요. 결국 내가 다가가는 사람은 또 다른 회사의 대표님입니다.

날카롭게 다듬어야 할 것은 제품 디자인 뿐만이 아닙니다. 앞서 우리는 생각과 능력을 파는 법에 대해 얘기했습니다. 그것을 가시화시킨 것이 제품입니다. 원천은 여전히 나에게 있죠. 내가 무뎌지고 나태해지면 고스란히 내 콘텐츠나 제품에 나태함이 드러나게 됩니다. 제 자신에게도 이런 순간이 찾아올 때마다 던지는 세 가지 다짐을 공유합니다.

① 유행과 콘텐츠에 민감해져야 합니다.

팔랑귀가 되어 휩쓸릴 필요는 없습니다. 13년 만에 부활한 영화 〈타짜〉의 곽철용 캐릭터, 갑자기 떠오른 교육방송 EBS의 캐릭터 펭수, 위기의 홍콩 사태, 서서히 무너져 가는 '괜찮주의' 등등 주변이 어떻게 변해가는지는 기민하게 지켜보고 가능하면 참여해 봐야 합니다. 개봉하는 영화도 꼬박꼬박 챙겨 보고, 문화예술 전시도 틈나는 대로 참여해 줘야 합니다. 가능하다면 맛집도 찾아 다녀봅니다. 이 책이 출간되고 나면 위의 트렌드도 식상한 것이 되어 있을 수 있겠네요. 문화예술 영역은 대중과 타인의 무의식 세계를 여행하는 신비로운 경험입니다. 이것으로부터 멀어지면 나만의 성은 점점 견고해지죠.

② 소비자는 어떻게 생각할지 지나치게 생각하지 마세요.

'나'도 소비자입니다. '나는 어떻지?'를 먼저 생각해 봅시다. 난 어제 이 라탄 바구니를 왜 산 걸까? 이 스탠드는 왜 골랐을까? 우선 내가 좋아하는 브랜드와 선호하는 조건들부터 이해하는 것이 중요합니다. 소비자라는 단어를 내뱉고 그들을 분석하려는 순간 아이러니하게도 당신은 생산자적 마인드에 갇힐 위험이 매우 높아집니다.

③ 지적으로 깨져봅시다.

1년 이상 한 제품을 꾸준히 만들고, 판매처도 안정되기 시작하면 부른 배와 따사로운 등의 느낌을 만끽하고 싶어집니다. 몸은 편한 것이 좋지만 정신까지 소파에 누워 있어선 안 됩니다. 다양한 사람들이 모인 장소와 모임, 독서, 계속되는 강의와 시험에 도전해보시길 바랍니다. 저도 생뚱맞게 공인중개사 공부를 해본 적이 있는데, 진심으로 다양하고 새로운 관점을 얻는 시간이었습니다. 뇌가 굳었다는 생각에 절감하기도 했지만, 한 문제 한 문제 맞출 때마다 묘한 쾌감이 있었죠. 지적으로 좌절하는 경험은 연차가 높아질수록 더욱 필요합니다. 공부를 하고 지식이 쌓여간다는 건 무언가를 '알기 위해서'가 아닙니다. '내가 이걸 몰랐구나'를 더욱 실감하기 위함이죠.

무난하고 착하면
섹시하지 않지

■ 날선 개성은
■ 어디서 나올까

 소개팅을 했는데 너무 착해 보이는 사람이 나왔습니다. 겉으로 봤을 때는 대체로 평범합니다. 옷도 정말 너무 단정하고, 말투, 걸음걸이, 행동까지 어느 것 하나 딱히 흠잡을 점이 없습니다. 눈여겨볼 만큼 튀는 것도 없어 보입니다. 음식도 다 좋아하고 싫어하거나 못 먹는 것도 없이 가리지 않고 잘 먹습니다. 취향을 물으면 모두가 좋아하는 그런 취향이라고 답합니다. 직장도 평균 정도의 연봉을 받으며 문제없이 무난하게 일하고 있는 사람이네요.

흠도 칭찬거리도 없다는 점은 좋은 것일까요? 매력이라는 측면에서 보면 확실히 불리한 조건입니다. 오래 두고 보면 당연히 편하고 좋은 친구가 될 순 있겠지만 사랑에 빠지기엔 쉽지 않죠.

내가 만들고 있는 제품과 서비스가 안성과 지속성이 중요한 서비스라면 이러한 무난함은 장점이 될 수 있습니다. 회사관리 시스템이나, 안전에 관련한 제품, 건축자재, 칼날 제작, 도매 식품 등은 개성보다 안정적인 품질이 더 중요하죠. 이런 제품과는 오랜 동반자와 친구가 되어 꾸준히 함께 가는 경우가 많습니다.

반면 콘텐츠나 디자인, 사치재, 인테리어 소품, 핸드메이드 제품 등 돋보여야 하고 소비자의 마음을 사로잡아야 하는 경우라면 뭔가 좀 다른 것이 필요합니다. 우린 흔히 그것을 '에지Edge'라고 부릅니다.

에지는 모서리를 뜻하죠. 딱 떠오르는 것은 날카로움과 분명함입니다. A면과 B면의 경계가 명확한 곳이죠. 면적이 아주 협소하기에 정강이를 찧으면 시퍼렇게 멍들 단단함을 지니고 있습니다. 제품에서의 에지란 건 콘셉트의 명확함을 의미합니다. 사람들의 고정관념을 꺾을 수 있어야 하고, 날카롭게 무의식 안쪽을 파고들 수 있어야 하죠.

▶ 모두 아는 도구를 비틀어쥘 때

최근 모 스튜디오에서 대형마트 **H**사와 함께한 프로젝트는 이러한 에지를 정말 잘 살려낸 결과입니다. 그들은 판매하고 있는 제품 홍보에 인스타그램 채널을 이용했습니다. 보통 제품의 사진을 예쁘고 감성적으로만 담아내기에 급급한 인스타그램이지만, 이 스튜디오는 달랐습니다. 제품을 규칙적으로 나열해서 패턴처럼 만들고 그 아래 에세이를 한 움큼 써놓은 것이죠. 레몬과 카라멜, 청소포, 삼겹살, 이쑤시개, 라면을 소개하면서 가격이나 제품 특징은 언급하지 않았습니다.

그들은 웃긴 개그과 말도 안 되는 스토리, 가끔 감동이 있는 주제로 쓴 글들을 통해 제품에 대한 기발한 상상력을 자극했습니다. 이는 글이 아니면 할 수 없는 일이기도 하죠. 짤막한 문구와 강조된 표시, 원색 디자인이 가득한 전단지가 아니라 처음엔 뭔지도 잘 모르겠는 사진 한 장과 기다란 글이 전부였습니다.

하지만 반응은 폭발적이었습니다. 제품 하나하나에 대한 사연과 스토리를 담는다는 건 과감하고 획기적이었죠. 이렇듯 에지란 건 세상에 없던 이상한 걸 갑자기 탄생시키는 게 아닙니다. 흔히들 'A는 B'라고 알고 있는 통념들을 살짝 비틀어 깨뜨리는 것이죠. 모서리로 팍, 쳐서 말입니다. 그러기 위해서는 일단 통념에 대해 이해하고 있어야 합니다. 사람들은 무엇을 어떻게 느끼는지 말이죠. 칼 융Carl Gustav Jung의 분석심리학 모델에선 '원형'이란 개념이 등장합니다. 집단적 무의식 속에 존재하는 메타포(은유)를 의미하죠. 신화나 상징에서 비롯된 이미지들입니다.

이를테면 늙은 현자의 이미지는 독수리의 형태로 그려지곤 했습니다. 제우스는 늘 지상에 노인의 모습으로 나타났다가 독수리의 모습으로 돌아갔죠. 시대와 역사를 넘나드는 인문학적 유산이라고 할 수 있습니다. 기본적인 상징과 기호들에 대한 이해가 뒷받침되면 세상을 좀 더 흥미롭게 볼 수 있습니다. '왜 동화책에 등장하는 주인공은 원형이고, 친구는 사각형인데 심술쟁이는 삼각형의 모습일까?'와 같이 사소한 도형 속에 숨겨진 의미들도 발견할 수 있죠.

이와 더불어 어릴 적부터 경험과 교육을 통해 형성된 '대중'의 이미지를 이해하는 것도 매우 중요합니다. '매운 라면'이라는 단어를 들으면 어떤 색이 떠오르나요? 대부분은 붉은 색을 떠올릴 겁니다. 요즘 유행하는 카페의 모습을 떠올려볼까요? 노출 콘크리트에 철제 인테리어 소품, 하얀색 배경과 낮은 의자, 잎이 큰 초록의 식물들 정도가 떠오르겠네요. 작고 예쁜 커피 잔과 까눌레Canelé, 마카롱과 같은 디저트가 있다면 거의 완벽할 겁니다. 사람들의 머릿속엔 직·간접적으로 주입된 수많은 광고와 제품, 서비스에 대한 이미지가 존재합니다. 이것을 인지하고 있어야 색다름도 만들 수 있죠. 에지를 만드는 건 나의 본성을 담는 것과 같습니다. 대체로 우리 대부분은 세 가지의 모습을 가지고 있습니다.

▶ 배려 속의, 통제 밖의, 개성 어린 '나'

'보이고 싶은 나'는 사회생활을 위해 가면을 쓴 무난하고 예의 바른 상식선의 내 모습입니다. 법과 도덕에 저촉되지 않고 누군가의 기분을 상하게 만들지 않으려고 노력합니다. 사회적인 본능이죠.

'보여지는 나'는 내 통제선 밖에 있는 존재입니다. 분명 '나'긴 하지만 내가 모르는 곳에 존재하죠. 그들의 시선과 입 위에 말입니다.

'이상한 나'는 이러한 사회성을 걷어낸 후 홀로 존재할 때 등장하는 개성 어린 내 모습입니다. 평소와는 다릅니다. 일상에서는 그냥 조용히 밥 먹고 일하고 잠을 자겠죠. 하지만 종종 노래방만 가면 격한 자아가 등장한다거나, 살사 댄스를 출 때

만큼은 관능미가 터진다거나, 동생과 대화할 땐 세상 개그맨인 경우가 있습니다. 특정한 조건 하에 튀어나오는 나만의 독특한 개성이죠.

당신의 에지는 바로 이 '이상한 내 모습'에서 비롯됩니다. 제 이상한 점은 굉장히 생각이 많고, 무엇이든 유형별로 분류하길 좋아한다는 겁니다. 그것이 행동으로 발현되면 '정리벽'이 되죠. 거의 매일 정리를 하고, 심지어 정리할 때마다 가구의 위치를 바꾸기도 합니다. 단순히 쓸고 닦는 수준이 아니라 콘센트 전체를 싹 갈아엎는다거나, 벽지를 바꾼다거나… 뭔가를 끊임없이 새롭게 만들고 통일시키려는 피곤한 유형입니다. 요즘은 체력이 떨어져서 좀 게을러지긴 했지만, 이런 정리에 대한 집착은 머리가 복잡하거나 스트레스가 많을 때 더 심해집니다.

그래서 글을 쓸 때면 끊임없이 사람들, 대화, 현상들을 몇 가지로 쪼개고 분석해 보기 시작합니다. 제 나름의 정리였죠. 그것이 특유의 철없음과 방정맞은 성격과 섞이며 소위 '시끄러운 글'이 탄생했습니다. 근데 그게 진지하기 그지없던 자기계발 분야나 직무관련 콘텐츠 속에 끼어 있던 것이죠. 덕분에 브런치에도, 다른 매체에도 꾸준히 소개가 되었습니다. 소재 자체가 지니고 있는 진중함과 제가 지니고 있는 경박스러움이 합쳐지며 묘한 모서리가 만들어진 것이 아닐까 싶습니다.

　정리하면 결국 '너를 알고 나를 알자'는 명제가 됩니다. 뻔한 문장 같죠. 그러나 홀로 일하는 사람들에겐 문신으로 새겨야 할 절대 명제입니다. 너와 나는 결국 살 사람과 팔 사람입니다. 물건이 흐르는 목적지와 출발지죠. 이것을 모른 채 판매를 할 순 없습니다. 능력이든 생각이든 제품이든 모두 마찬가지죠. 방향을 잃은 물건은 창고로 흘러갈 뿐입니다.

망함을 계획해 보자

■ 계획은
■ 무너지기 마련이다

　팔릴 만한 물품을 만든다는 건 크게는 '상대가 필요한 것'과 '내가 만들 수 있는 것'의 교집합을 만드는 행위입니다. 하지만 '잘 팔리냐'는 디테일에서 갈리기 마련이죠. 똑같은 욕실 매트라도 어떤 것은 펑펑 팔리는 반면 어떤 것은 발송 문자 기다리다 백발이 되기도 합니다. 차이를 가르는 것은 살짝 다른 방향성과 문구, 세세한 정성과 '시대의 흐름'입니다. 시대의 흐름은 우리가 조정할 수 있는 것이 아니기에 좀 더 세세한 부분을 쫀쫀하게 만드는 것이 주요 임무입니다.

▶ 계획 세우기는 사실 맹점 투성이

디테일을 만들어야 한다는 부담감이 짓누르기 시작할 무렵 우리는 하나의 공통된 행동을 하게 됩니다. 바로 계획 세우기죠. 이 행동은 우리의 사고와 행동 방식의 방향성을 정하고 일의 우선순위를 정해 효율적인 업무 분할을 가능하게 합니다. 이 과정에서 쓸데없이 빠져나가는 비용이 줄어들기도 하고, 좀 더 실수 없이 일들의 공백을 메울 수 있죠.

이토록 장점 투성이인 계획 세우기가 종종 돌변하는 경우가 있습니다. 우리의 발목을 잡으며 비겁하게 만들기도 하고 멘탈을 붕괴시키는 원인이 될 때도 있습니다. 양날의 칼처럼 말이죠. 도대체 계획은 어떻게 세워야 좋을까요? 계획을 세울 때 주의해야 할 사항을 몇 가지 알아봅시다.

▶ 숫자를 맞추지 말고 행위를 통일하기

건물에서 불이 났을 때를 대비한 대피 지침이 있습니다. 엘리베이터는 이용하면 안 되고, 낮은 자세로 물수건으로 입과 코를 막은 채로 나가야 하며, 문을 열 때는 손잡이를 확인해야 합니다. 이외에도 다양한 조항이 있습니다. 하지만 실제 화재가 생긴다면 이 모든 것을 순차적으로 할 수 있을까요? 아닙니다. 일단 정신이 없죠. 매뉴얼은 단편적으로 기억날 뿐입니다. 긴장한 상태에선 논리적인 대처를 하기가 어려워집니다. 그래서 소방대원들도 최대한 상대방을 진정시키는 것을 우선으로 합니다. 화재 상황을 물품 판매에 비교하긴 어렵지만, 매출은 계속 떨어져가고 통장의 돈이 쭉쭉 빠져나가는 상황에서의 체감 지수는 거의 재난에 가깝기도 합니다. 이렇게 불안에 갇혀 있는 상태에서 계획을 세우는 건 매우 위험한 일입니다. 이때 계획 목표는 오로지 하나, 이 불안을 해결하는 것이죠. 매출 증대나 실제 행동보다는 나의 마음을 안정시키기 위한 방향으로 계획을 짭니다.

'다음 달까지 일단 5백만 원 매출 목표를 잡고, 이거 들어오면 지난 달 미수금 막고 카드 값 좀 보태야겠다. 하루에 5개 이상 판매 목표로 하면 충분히 만들 수 있을 것 같아. 일단 지인들에게 톡 돌리고 근처 카페부터 가서 영업하면 하루에 5개 방문해서 1개 정도 판매한다고 치고, 온라인에서 2, 3개만 판매돼도 본전이니까. 그럼 기본 지출은 제로로 만들 수 있을 듯.' 뭐 이런 식으로 말입니다. 매출 목표가 지난 달 미수금과 카드 값, 월세 등의 총합을 조금 넘는 수준으로 책정이 됩니다. 나에게 불안을 주는 빚을 갚는 것이 우선 목표가 되는 것이죠.

그리고 이 숫자를 만들기 위한 억지스러운 끼워 맞추기가 시작됩니다. 위험합니다. 숫자 맞추기가 아니라 행위를 통일하는 방향으로 가야 합니다.

- 상세 페이지 리뉴얼을 시작해야 함
- 판매 증진을 위해 고객의 니즈를 우선 알아야 함
- 객관적 데이터를 모아야 함
- 주변 카페와 지인들을 대상으로 설문(2백 개 이상)
- 답변을 기반으로 판매를 촉진할 카피 문구들 작성, 콘셉트 재정립

매출은 항상 '결과 값'입니다. 그동안 해온 행위들이 모여 나온 값이죠. 계획해야 하는 것은 결과 값이 아니라 그걸 만들기 위한 과정입니다. 무언가를 판매하다 보면 항상 급하게 처리해야 할 일들이 태산으로 쌓입니다. 이는 서비스나 콘텐츠도 마찬가지입니다. 저도 브런치를 통해 디자인 의뢰가 들어올 무렵 홈페이지 업데이트도, 제 사업체의 회사 소개서도 제대로 만들지 못한 상태에서 주먹구구식으로 미팅을 하곤 했습니다. 일은 자비가 없습니다. 내가 원하는 시기에 원하는 만큼 들어오지 않습니다. 늘 생각지도 못한 구멍들이 존재합니다. 우리가 가져야 할 계획은 이 구멍들을 잘 보수하고 앞으로 나

아갈 방법을 찾는 것이죠.

'얼마를 벌자!'를 목표로 삼는 일은 아주 오래 전 '꿈 꾸면 이루어진다'와 같은, 언어로 거는 자기최면과 비슷합니다. 단순히 의지와 자기 확신을 불러일으키기 위한 수단일 뿐 이것이 행위를 결정하는 기준이 되어선 안 됩니다.

▶ 실패도 계획에 집어넣자

재무제표에는 부채도 자산으로 기록합니다. 막상 빚을 갚으면 세금이 줄어들 것 같지만 오히려 더 많이 내야 하는 아이러니도 있습니다. 흔히 빚은 나쁜 것이라고 생각하지만 이건 단편적인 생각일 뿐이고, 실제론 기회의 의미를 지니고 있다고 생각합니다. 빚을 갚아 부채가 줄어들면 유통할 수 있는 현금이 훨씬 많아졌다는 신호로 보고 오히려 소득세가 늘어나는 것처럼 말이죠. 또한 돈을 빌리고 나서 제때 잘 갚기만 하면 신용도 상승에도 영향을 주고, 그 이상의 대출 능력이 된다는 것을 반증하기도 합니다.

이처럼 흔히 우리가 약점이라고 생각하는 것들이 실제론 다른 의미를 지니고 있을 수도 있습니다. 단순히 좋고 나쁨을 판단하기엔 내 사업은 너무 현실의 것이기 때문이죠.

당연히 당신은 당신의 능력 또는 상품을 판매하는 과정에서 실패, 즉 리스크를 경험합니다. 이때 리스크는 미리 예측할수 있는 부분과 갑자기 찾아오는 경우가 있습니다. 사실 콘텐츠가 퍼지고 난 후 널리 활용되는 것은 예측된 리스크죠. 침몰하는 배처럼 빠르게 버리고 다른 쪽으로 옮겨가는 것이 더 좋은 선택입니다. 어떤 방향으로 옮겨갈지는 사실 미리 예측하고 마련해 놓을 수 있죠. 이를 간파해 놓는 게 또 통찰이기도 합니다. 대부분 예측된 리스크는 동종업계에서 일하시는 분들에게 일정 주기마다 찾아오는 일이기 때문에 초기에 많은 조언과 경험담을 통해 정리해 놓는 것이 좋습니다.

하지만 국가 간 문제로 발생하는 수출 제한이나 메르스 같은 질병, 국가적 재난, 갑자기 교통사고 등등 예측할 수 없는 사고들도 수도 없이 발생하기 마련입니다. 이런 경우는 즉각 다른 방향으로 전환하거나 대처해서 막아야 하는 순발력이 필요해지죠. 이런 상황이라면 당신은 반드시 매출 손실과 업무 프로세스의 붕괴를 겪게 될 겁니다. 기존의 계획 방식으론 처리할 수 없는 상태입니다. 이땐 세 단계를 꼭 기억하세요.

– 일단 빠르게 상황을 정리하고 대피하기
– 잠시 숨을 고르면서 잃은 것과 가지고 있는 것을 정리해 보기

– 가지고 있는 것의 가치를 높이는 방향으로 움직이기

단순하지만 꼭 필요한 내용입니다. 특히 1번이 중요합니다. 일단 대피해야 합니다. 불이 난 화재 현장에서 뭔가를 고민할 순 없습니다. 당장 불을 끄기가 어렵냐면 일단 중요한 것만 챙겨서 도망치는 일이 우선입니다. 내가 해결할 수 있는 부분인지부터 판단하는 것이 중요합니다. 아니라고 판단되면 없앨 부분은 과감히 잘라야 하죠. 그리고 남겨진 부분을 리뉴얼해야 합니다. 기존에 판매하던 방식으로 다시 똑같이 판매하는 건 통하지 않습니다. 시기를 놓치고 리소스도 타격을 입은 상황에서 예전의 페이스를 찾는 건 쉽지 않습니다. 이때 리뉴얼을 통해 향후 방향을 결정할 수 있습니다.

▶ 계획은 언제나 무너진다

장기계획보단 당장 다음 주, 다음 달에 할 것들만 짧게 치고 가시길 권해드립니다. 장기적인 목표는 마음속에만 담아두면 됩니다. 실제 실행범위는 길어도 한 달을 넘을 수 없습니다. 당장 내일도 무슨 일이 벌어질지 모르는데 6개월 뒤를 어떻게 알까요? 자칫 위험한 예측이 될 수 있습니다. 대표와 실무자를 동시에 수행해야 하는 당신에게 이 두 부분을 분리시키는 과정이 필요합니다. 마음은 대표같이, 행동은 실무자처럼 말이죠.

계획은 언제나 무너집니다. '아니, 무너질 계획을 왜 세우나요?'라는 질문엔 이렇게 답하고 싶습니다. 계획은 그대로 이루어지라고 세우는 것이 아닙니다. 특정 지점에 다다랐을 때 기존에 생각하던 것과 얼마나 오차가 있었는지를 확인할 기준점일 뿐입니다. 여행지에 갈 때 대략 가야 할 명소들을 잡아놓지만 정작 현지에 가면 늘 틀어지는 것과 마찬가지죠. '여기를 빼고, 대신 이곳을 가자. 여긴 내일 가고, 저기는 건너뛰자'처럼 원래 세운 계획이 있어야 오차범위를 잡을 수 있습니다. 계획은 애초에 내 머릿속에서 나온 것입니다. 계획에서 틀어졌다고 해서 '틀린 것'이 아닙니다. 과거의 나는 현재의 상황을 예측하지 못했어요. '아이고 녀석이, 이걸 놓쳤네'라고 편하게 생각하시고 냉정하게 벌어진 만큼 경로를 수정하시면 됩니다.

상품에 어떤 옷을 입힐까

- 좋은 프레임 말고
- 어울리는 프레임

회사를 뛰쳐나와(또는 뛰쳐나오지 않은 상태에서) 나만의 무언가를 만들고자 하는 분들이 부딪히는 가장 처음의 문제는 크게 세 가지 정도입니다. 기획, 예산, 방법이죠.

기획안을 내고 예산안을 만들었다면 이제부턴 구체적인 실천을 선택해야 하는 상황입니다. 해야 할 것들은 점점 구체적으로 좁혀지지만 정확히 무엇을 어떤 방식으로 해야 할지는 막연하고 혼란스럽습니다. 구글이나 네이버를 뒤져보면 정말 좋은 기사와 자료가 수도 없이 나오는데, 이게 너무 많아지니

또 문제입니다. 혼란을 막기 위해 고민해야 할 기준을 추려보
았습니다. 물론 매우 많은 항목입니다만, 지금 현재 자신의 상
황과 판매하고자 하는 제품/서비스/콘텐츠를 고려해 우선적
으로 실행할 방법들을 고르시면 될 듯합니다. 막상 내 상황과
결부시켜 보면 많이 걸러질 테니 미리 겁먹지 말고 차근차근
알아봅시다.

▶ 원하지 않았는데 마치 원했던 것처럼

고객은 자기가 뭘 필요로 하는지 잘 모릅니다. 이때 "사실
당신은 이걸 원하고 있었어!"라고 규정해봅시다. 이건 의식주
와 관련된 생필품보다 부가적인 아이템이나 콘텐츠에 잘 어울
립니다. 허영, 인정 욕구, 자만, 승부욕, 섹스어필 등 좀 더 원초
적인 욕망을 건드릴 때 더욱 효과적입니다.

▶ 리뷰, 댓글, 주변 정보를 통해 이미지 만들기

안정성, 기능, 유용성 등 눈으로 보이는 외관 말고 전원을
켜거나 가동, 착용, 사용했을 때 그 진가가 드러나는 제품은 리
뷰와 댓글을 써볼 수 있습니다. 인플루언서나 리뷰 계정, 체험

단 등등의 방식이겠죠. 사실 좀 진부한 데다 광고 천지라서 짜증나는 감이 있지만 인간의 두뇌는 유구한 역사 이래 타인의 경험치와 주변 경로를 활용해 무언가를 선택해 왔습니다. '남의 말'의 힘은 쉽사리 죽지 않습니다.

▶ 삶 속 부족한 '무언가'를 보충해 주기

구매자가 생활하는 데 느끼는 불편, 시간의 공백, 공간의 공백 등을 채워주는 방법도 있습니다. 특히 생활재를 다루는 경우 유용할 수 있습니다. 개인적으론 D사에서 딱딱한 규조토 발매트를 샀는데 만족도는 엄청났습니다. 사실 발매트를 사고 이렇게 미감 측면에서 만족할 거라 생각해 본 적이 없었는데 말이죠. '인테리어를 완성시키는'이라는 문구에 꽂혔습니다.

▶ 상품에 의존하게끔 만들기

우리 상품 없으면 핵불편하다고 느끼게 해줄 수도 있습니다. 수건이나 침대, 의자, 책상 등 주로 물성을 가진 제품인 경우에 적용하기 쉽습니다. 기존 것을 우리 것으로 교체해 준다든지, 체험단이나 인테리어 초기부터 미리 설정해 놓고 들어

가서 쉽게 바꾸기 어렵게 만드는 것이죠. 익숙함은 큰 장점입니다.

▶ 나도 할 수 있을 거 같다는 느낌 만들기

물론 잘할 수 없을 겁니다. 드로잉, 영어, 요리… 모두 한 번쯤 다 해보셨죠? 하지만 잘 안 됩니다. 왜냐면 정말 끊임없이 노력이 필요하거든요. 대부분 사람의 게으름을 이용한 콘텐츠는 꽤나 오래갑니다. 될 듯 말 듯한데 결국 또 작심삼일이고 이 과정에서 발생하는 인지부조화는 또 다른 합리화를 만들어냅니다. 행동의 굴레에 빠지는 것이죠. 판매자 입장에선 너무 좋은 습관입니다.

▶ '한정판의 심리' 이용하기

소량 제작, 추첨, 한정 판매 등 '이번엔 나도 이걸 얻을 수 있겠지!'라고 생각하게 만드는 것도 판매를 유도하는 방식입니다. 브랜드에 대해 애간장을 태우게끔 하고 기다림과 시간, 에너지를 쏟아붓게 함으로써 심리적 가치를 높이는 것이죠. 물론 이 기대감을 다 충족시키고도 남을 양질의 제품이 있다는 전제가 있어야 유효합니다.

▶ 감각에만 집중하게 만들기

요리를 혀로 맛보는 경험 대신 손으로 만드는 경험은 굉장히 색다른 느낌을 선사합니다. 하지만 소비자의 역치를 높일수 있으니, 참신하지만 일관적인 콘텐츠를 자주 기획해야 하는 문제가 생길 수 있습니다. 감각을 스스로 일깨워 신선한 기획을 해나갈 필요가 있습니다.

▶ 처음부터 끝까지 예쁜 기억 남겨주기

오프라인 행사를 기획 중이라면, 엔딩에 집중하세요. 전체적인 행사도 다 중요하겠지만 퇴장할 때의 경험은 더욱 중요합니다. 기다리던 버스는 없고, 사람은 밀리고, 붐비는 통에 무언가를 잃어버리거나 다치기라도 한다면 소비자와 생산자 둘모두에게 지옥 같은 기억이 됩니다. 반대의 경우라면 긍정적인 이미지가 꽤 오래 기억됩니다. 마무리 자체에 대단한 이벤트가 필요하다는 건 아닙니다. 작은 선물, 깔끔한 동선, 혼잡을막는 칼 같은 통제 등이 중요하죠.

▶ 고객을 주인공으로 참여시키기

일회성 참여보단 다회성이 좋고, 참여한 다음엔 가급적 물질적 보상을 주지 않는 게 좋습니다. 리워드가 제공되는 순간 오늘의 경험은 리워드와 교환되어 종료됩니다. 물질적인 리워드보단 브랜드와 함께 성장한다는 느낌을 주는 게 좋죠. 킥보드 브랜드라면 실제 체험단을 예비 마케터나 기획자로 성장하고픈 사람들로 모은 다음, 운영진과 함께 공부하고 데이터를 공유하며 성장할 수도 있습니다.

▶ 가진 역사로 승부수 두기

브랜드가 가지고 있는 유구함을 어필하고 싶다면, 쌓아온 역사에 당위성이 있어야 합니다. 교보, 까스활명수, 다시다 등 오래 유지해온 브랜드라면 역사성을 내세워봅시다. 단, 다수가 알고 있어야 더욱 유효합니다.

▶ 고객을 보람 있게 만들어주기

실질적으로 몸을 편하게 만들어주는 건 사실 별 의미가 없습니다. 이왕 뭘 해야 한다면 빡세게 시켜봅시다. 다만 그 보람과 결과물이 그만한 보람을 충족시켜준다는 점이 보장되어 있어야 하죠. 만약 보람의 정도가 궁금하다면 먼저 그 프로그램을 실제로 경험해 본 다음 기획해 보기를 추천합니다.

▶ 기업의 철학을 보여주기

BMW가 경쟁사인 벤츠의 디터 제체 회장의 은퇴를 기념하는 헌정 광고를 만들었다는 건 앞서 예시로 들었었죠. 브랜드의 품위와 가격의 가치를 결정짓는 것은 이러한 행동들의 총합입니다. (물론 이는 대행사에서 만든 콘텐츠라고 합니다만) 철학은 그 명제를 외치는 게 아니라, 철학을 어떤 행동으로 구현해 낼 때 아름다워집니다.

▶ 직원들의 성격을 매칭시키기

바깥에서 보면 멋진 것들만 눈에 들어옵니다. 이때 뭘 하든 당신의 동료들과 함께하는 것이 중요합니다. 동료들은 어떤 성격이며, 이들이 모여서 거리로 나간다면 어떤 모임이나 집단으로 비추어질지를 고민해 보세요. 이는 기업의 성격과 특성을 정하는 데 큰 도움이 됩니다.

▌ 지속적인 배려를 보여주기

공수가 많이 들고 아주 비효율적일 수 있습니다. 하지만 훌륭한 감동을 선사할 수 있습니다. 티웨이 항공이나 제주항공에서는 작지만 정성 넘치는 이벤트를 많이 만들곤 했습니다. 티웨이 항공은 실제로 'U story 이벤트'를 통해 기내에서 사연을 받아 특정 고객에게 감동을 주기도 했습니다. 승무원분들의 손편지와 손수 제작한 풍선 장식 등으로 화제가 되었습니다. 제주항공은 사투리 기내 방송이나 옆 좌석 구매 서비스, 기내 결제 대신 나중에 결제할 수 있게 만들어주는 서비스 등 다양한 배려를 선보여 실질적인 성과를 내기도 했습니다.

▌ 경영자가 스스로 브랜드 철학이 되기

오뚜기나 유한양행, 베지밀 등 경영자의 철학이 널리 퍼져서 좋은 이미지를 구축한 경우도 있습니다. 우리나라는 기업의 도덕성, 특히 CEO의 도덕성에 민감하기 때문에 이런 능력도 꽤나 중요합니다. 1인 콘텐츠나 상품을 제작하는 경우엔 사고만 안 쳐도 절반은 갈 수 있습니다. 다만 본인의 인지도를 활용해 사업을 시작한 후 성장하기 시작할 무렵엔 급성장에 따른 부작용을 조심하셔야 합니다. 인지도와 성장에만 집중하다 고객 응대나 품질 관리 등 정작 중요한 부분을 놓쳐버릴 수도 있기 때문입니다.

▶ 의식주와 접목시켜 생활 밀착형 만들기

생활재가 아니더라도 주제만 잘 잡는다면 의식주와 접목시킬 수 있습니다. '치즈 케이크는 반드시 점심 이후에 먹어야 해!'와 같은 콘셉트로 소비자의 구미를 당기는 게 가능하죠. 의식주와 접목시키면 결속력이 더욱 강해지기 마련이니까요.

▶ 공감각적 방식으로 접근하기

전혀 새로운 감각들끼리 섞고 엮어 콘텐츠로 제작해 봅시다. 글쓰기와 운동을 합친다든가, 쇼핑과 철학을 합친다든가. 꼭 감동적이어야 할 필욘 없습니다. 하지만 감각적이고 세련된 느낌을 줄 수 있어야 하죠. 색다른 느낌을 주면서도 그럴듯해야 합니다.

▶ 권리와 당위성에 호소하기

브랜드의 성향에 따라 달라지겠지만, 모든 브랜드는 사회에 긍정적인 영향을 조금씩이라도 끼치고 싶어 합니다. 환경보호, 인권, 몸을 생각하는, 성차별 받지 않을 권리, 노동자의 권리, 교육 철학 등이 이에 속하죠. 하지만 이것도 그저 외치는 것으론 소용없습니다. 이런 콘셉트로 가고자 했으면 구체적인 실천 방법을 모색해 보세요. 개인적으론 소비자와 직접 만나는 콘텐츠가 중요할 것 같습니다.

▶ 연령이 만드는 정의를 파괴하기

시니어 관련 제품 중 망하는 아이템의 실패 이유를 아시나요? '노인을 위한'이라는 수식어가 붙었기 때문입니다. 나이가 들어도 나이가 들었다고 인정하고 싶지 않은 게 사람 마음입니다. 나이 많다고 촌스럽고 글자 큰 것만 찾기보다는, 멋지고 좋은 걸 쓰고 싶은 게 당연합니다. 나이에 맞는 멋진 제품을 선사해 보세요.

▶ 짧고 자극적이면서도 공유될 만한

도움이 되거나, 재밌거나, 누군갈 떠올리게 되거나, 자신을 멋지게 보이도록 만들거나 등 소비자의 선택에는 다양한 이유가 있을 겁니다. 공유가 될 만한 콘텐츠에 대해선 확답을 내릴 수 없습니다. 그 종류와 상황, 대상이 너무노 다양하기 때문이죠. 다만 사람들이 태그하거나 메신저로 주고받고 페이스북으로 공유하는 콘텐츠가 어떤 것인지 계속 관찰해야 한다는 것은 분명 해야 할 일입니다. 통찰은 관찰에서 나오고 양의 축적은 좋은 질을 만듭니다.

▶ 성실한 소비자인 '팬덤'을 만들기

주로 팬덤Fandom이라 함은 노력하는 자에 대한 응원, 긱Geek 함에 대한 동경, 옳은 것에 대한 주장 등으로 모이는 경우가 많습니다. 정말 에지 있는 하나의 독특한 매력만을 내세우거나, 캠페인 측면으로 접근해야 할 경우에 팬덤을 만들 수 있습니다.

▶ 우리만의 말투와 톤을 만들기

밀당 중인 사이와 5년 차 연인을 구분할 수 있나요? 행위
가 눈에 보이지 않는 경우엔 목소리와 말투를 보고 판단할 수
있습니다. 관계는 말투와 목소리 톤에 영향을 주기 마련입니
다. 그 반대의 경우도 성립하죠. 브랜드가 어떤 말투로 고객을
대하는지에 따라 브랜드와 고객의 관계가 달라질 수 있습니
다. 동네 형, 전문가, 선생님, 친구 등등 다양한 관계를 설정할
수 있죠. 여기엔 일관성이 중요합니다.

▶ 고객의 불평을 눈치껏 듣기

고객의 불만을 먼저 알아채고 바꿔주는 업체를 보면 그들
의 넘치는 센스에 과한 칭찬을 주고 싶습니다. 특히 이 부분은
직원의 고객 응대 부분에서 빛을 발하죠. 불평이라는 위기를 이
미지 쇄신의 기회로 바꾸는 훌륭한 경우라고 할 수 있습니다.

▶ 단점과 실수는 직접 개선한다

직접 달려가고, 찾아가고, 바꿔주는 행위는 감동을 자아냅
니다. 나를 위해 헌신하는 브랜드를 보면 누구라도 마음을 줄

수밖에 없죠. 제가 좋아하는 배낭 브랜드인 '킬리Kili'는 매장에 찾아온 손님에게 배낭 메는 법부터 여행에 대한 정보, 짐을 넣는 법, 유용한 팁까지 한 손님만을 위해서 온전히 매장을 내어줍니다. 필요한 것들을 정말 쏟아부어 주는 느낌이죠.

▶ '직접'의 효과는 생각보다 좋다

양동이의 법칙이 있습니다. 여러 개의 나무를 세로로 엮어 만든 나무양동이를 생각해 봅시다. 여러 개의 나무가 물을 막고 있지만 그중 하나만 빈약해도 물은 모두 새어버리고 말 겁니다. 모든 조건이 평균 이상이 되어야 한단 얘기죠.

맛집에 갔는데 알바생이 불친절하면 어떨까요? 화장실에 바퀴벌레가 나오면요? 우린 대부분 맛있는 걸 먹으러 갔지만, 위생/친절/빠른 세팅/동선/주차 등등 부가적인 요소들의 편의성까지도 원합니다. 맛집이 맛만 있어선 안 됩니다. 오프라인의 어려움은 여기에 있습니다. 적어도 평균 이상은 다 챙겨야 하니까 디테일이 더욱 복잡해지는 것이죠.

▶ 입맛 맞춰 시시각각 바꿔주는 로컬화

여기서 '로컬화'는 한국, 필리핀, 인도를 의미하는 게 아닙니다. 수도권 안으로 집중합시다. 역삼동, 가산동, 판교, 합정동 등 이렇게 지역 비즈니스를 하는 분들에겐 각 동네마다 최적화된 서비스와 제품이 필수적입니다.

▶ 편리와 맥락은 다르다

편리하다고 고객이 다 이용하는 것은 아닙니다. 움직여야할 맥락이 있을 때 움직입니다. 흔히 라이프스타일 콘텐츠, 즉일상에서 특정하게 반복되는 동선 안에 움직이는 제품이나 콘텐츠의 경우 이런 점을 잘 생각해 봐야 합니다. 샤워 커튼에거울을 다는 것이 필요한지, 샤워 커튼 안에 핸드폰 주머니를넣고 터치가 가능하다면 이것이 상품성이 있는지를 한번 생각해 봅시다. 우리가 샤워할 때 어떤 행동을 하고, 어떻게 움직이는지 고민해 보는 것이죠. 일단 내 동선 안에서 샤워와 핸드폰은 상관관계가 있는지 관찰해 봅시다.

▶ 현실 이탈적 경험을 선사해 보자

환상의 세계에 온 듯한 느낌을 주는 것도 좋습니다. 꼭 화려하고 아름다운 인테리어만이 능사는 아닙니다. 작은 소품과 동작만으로도 다른 느낌을 줄 수 있죠. 타로카드 점을 보러 가거나 머리 위에 뭔가 하나 씌우는 것만으로도 사람은 상황을 달리 인식하기도 합니다.

▶ 결정은 찰나와 순간이므로 방심하지 말자

모두가 너무 좋다고 해서 찾아갔는데, 유독 그날 나를 담당했던 직원이 너무 불친절했다면 나에게 그 브랜드는 소문만 번지르르한 곳이 됩니다. 우리는 온종일 브랜드 이미지를 고민하지만 소비자는 순간의 경험으로 판단하죠. 매 순간 긴장해야 합니다.

▶ 고객이 들여야 할 품을 줄여라

발품은 물론이고, 앱이나 웹에서의 UI도 마찬가지입니다. 매력적인 UI는 사람을 매혹시킵니다. 하지만 단순한 과정은 고유한 쾌감을 불러일으키죠. 웹/앱 등 온라인 서비스라면 이

에 대한 고민은 거의 필수라고 할 수 있습니다. 깔끔하고 유의
미한 UI를 설계하는 데 많은 공을 들입시다.

▶ 키워드는 구체적인 서술어로

어떤 행동을 하느냐에 따라 그와 연관된 다른 '할 것'들이
보입니다. 이는 방법이라기보단 브랜드를 좀 더 직관적으로
만드는 팁 중 하나입니다. 이 브랜드가 정확히 뭐하는 브랜드
인지 알게 하려면 어떤 행동을 하는 곳인지를 먼저 알려줄 필
요가 있습니다. 단순히 '여러분의 미래를 생각합니다'라는 슬
로건으론 그러니까 무슨 생각을 어떻게 해준다는 건지 확실히
알 수가 없죠. '던지기만 하면 불이 꺼지는 휴대용 소화기를
만듭니다.' 이렇게 분명하게 핵심 단어를 짚어주는 것이 좋습
니다.

▶ 소수를 위할 때 공감은 커지고

여기서 '소수'란 물리적 숫자뿐 아니라 소외받던 부정적 생
각들에 대한 이해도 포함됩니다. 예를 들어 '난 왜 이럴까', '남
들은 다 잘사는 것 같은데…'와 같은 슬픈 생각도 마찬가지죠.

콘텐츠가 잘 되기 위해선 이러한 소수를 위로해야 합니다. 그래야 소수가 목소리를 내고 연대합니다. 이것에 다수가 충돌할 수도 있고 지지할 수도 있습니다. 일단 움직임이 시작될 때 반향이 커지기 시작합니다.

▶ 취향 발현의 여부를 선택하게끔 만들기

모든 소비자가 인스타를 하는 건 아닙니다. 은둔형 소비자를 이해해 주어야 합니다. 흔히 '덕후'라고 부르는 놀라운 소비자들이나 들키지 않게 그래픽카드를 사야하는 누군가들도 있기 마련이니까요. 이런 소비자들을 이해하고 배려해 주는 것도 브랜드의 매력입니다.

▶ 규칙을 직접 만들어 보기

〈72초TV〉의 72초는 어떤 법칙이나 이론에 의해 만들어진 것이 아닙니다. 하나를 규정해 놓고 그걸 지키는 것이죠. 브랜드는 스스로 세계를 구축하고 질서를 만듭니다. 그 나라가 매력적이면 사람들이 놀러오는 것이죠. 이제 놀러온 소비자들에게 어떤 것을 선사할지를 결정하면 됩니다.

▶ 의외의 조합이 의외로 먹힐 때

생각해 보지 못한 의외의 것들이 결합되면 신박해집니다. 단, 의외의 것들이 모두 평균 이상의 인지도를 지니고 있어야 소비자의 욕구를 자극하기 좋습니다.

▶ 역할을 제대로 규정해 놓자

자기 자신의 역할을 제대로 정립할 필요가 있습니다. 손인지 발인지 코인지… 소비자의 히어로가 될 건지, 집사, 주인, 도우미, 친구가 좋을지… 어떤 관계가 될 것인가에 대해 자신의 장단점을 놓고 꾸준히 고민하세요.

▶ 그냥 예쁘기만 해도 될 때가 있다

정말, 그냥 예뻐서 사는 경우가 생각보다 많습니다. 기능보단 심미성이 우선되는 인테리어 소품이나, 같은 제품인데도 좀 더 고급지고 맛있어 보이는 참기름 패키지와 같은 것들이죠.

▶ 알지만 잊어버린 것을 꺼내보자

대중을 관통하는 키워드를 되새겨 봅니다. 구글은 세월호 5주기에 검색창에 노란 리본을 달아 사람들의 마음을 샀습니다. 배우 전광렬은 2000년에 막을 내린 드라마 〈허준〉 열풍으로 수많은 짤(사진을 뜻하는 인터넷 용어)과 함께 주목을 끌었죠.

다만 이런 콘텐츠나 캐릭터 자체에 의존하다 보면 반짝 마케팅 정도로 끝나는 경우가 많습니다. 아예 콘셉트를 복고풍으로 잡거나, 사회적 메시지를 끊임없이 던지는 방향이 아니라면 콘셉트로 활용하긴 어렵습니다. 다만 순간적으로 트렌디하고 재밌는 이미지를 주는 데에는 효과적일 수 있습니다.

▶ 적어보고 유념하자

마지막은, 평소에 좋게 생각하고 있는 브랜드 콘셉트를 적어봅니다.

———————————————————

———————————————————

목표는
돈을 버는 것이다

■ 갈피를 잃었을 때
■ 필요한 냉수마찰

물건을 팔면서 '내가 지금 이 물건을 판매하는 것이 죄가 아닐까?', '우리 소비자님들에게 너무 큰 실망을 안겨드리는 건 아닐까?' 등등 알 수 없는 죄책감에 시달리는 경우가 있습니다. 대다수는 '내가 이걸 할 자격이 있나', '너무 부족한 능력으로 만들고 있는 건 아닐까', '초심은 잃은 건 아닐까' '이건 가치 있고 옳은 일일까' 등에 대한 내적 딜레마를 경험합니다. 갈피를 잃었다는 생각이 들 때, 늪에 빠져 있는 것은 아닌지 찬물을 들이켜 봅시다.

◗ 잘 안 될 땐 자꾸 안 되는 생각만 든다

보통 이러한 딜레마는 돈이 잘 안 벌릴 때 더욱 심해집니다. 뭔가 잘못 돌아가고 있는 느낌이 들기 시작하면 그 원인을 찾고 싶습니다. 하지만 명쾌한 하나의 원인이 도출될 리가 만무합니다. 수많은 요소가 맞물린 결과이기 때문이죠. 이를 인정하는 것은 어렵습니다. 누군가의 탓으로 돌리고 싶습니다. 상대방을 탓하는 건 성숙하지 못한 행동이니 대다수는 자신을 탓합니다. 특히 현재의 자신을 탓하죠.

자신의 초심이 변했다고 생각하거나, 현재 가진 능력이 모자란 것이라 여깁니다. 왠지 악플이나 컴플레인, 이의 제기가 더 크게 느껴집니다. 좀 더 나은 사회적 가치가 있을 것 같고 그런 멋진 일을 하는 사람들이 눈에 더욱 들어오기 시작합니다. 계속 비교하고 자꾸 위축되죠. 지금의 내가 잘못하고 있기 때문에 이 모든 사단이 벌어진 것 같습니다. 그래서 사업의 방향을 바꾸고, 전부 갈아엎기 시작하죠. '지금까지 했던 것은 틀렸어. 다시 초심으로 돌아갈 거야!'라며 굳은 의지를 다집니다.

그리고 주변 사람들에게 이것을 알립니다. SNS에 다시 시작하겠다는 다짐을 올리고, 지인들을 만나서 내가 지금까지 얼마나 실수를 해왔는지 고해합니다. 초심이라고 생각되는 것을 굳게 다지고 다시 시작합니다. 0에서부터 말이죠.

▶ 처음부터 돌아갈 생각은 없었잖아

중요한 것은 처음부터 초심이라는 것이 있었는지 생각해보는 것입니다. 물론 개인적 사연이나 특정한 계기에 의해 좁은 목표나 의미 있는 목적을 가진 경우도 있었겠으나, 대부분은 회사를 다니면서 또는 퇴사하고 먹고살 길을 찾으려고 시작했을 겁니다. 내가 가진 능력, 생각, 체력을 팔아먹고 살자는 게 우리가 진짜로 고민해야 할 문제죠.

초심은 결국 먹고사는 문제였습니다. 그런데 갑자기 사회적 가치와 내 삶의 참된 의미를 찾기 시작하는 건 무엇 때문일까요? 없던 초심이 지금 갑자기 생겼고, 해오던 일은 갑자기 멋있어지기 시작합니다.

이처럼 한참 열심히 일하다가 중간에 자기점검이 시작되었다면 다음을 염두에 두시면 좋습니다.

① 모든 욕망을 충족시킬 순 없습니다.

돈을 버는 건 잘못된 일이 아닙니다. 돈을 벌고 싶어 시작한 일이라면 돈을 벌어야죠. 돈도 벌고 자아실현도 하고 배우고도 싶고 성장도 하고 싶고 레퍼런스도 쌓고 복지도 충분한… 이런 일은 없습니다. 돈을 벌기로 마음먹었으면 나머지 가치는 잠시 양보해야 편합니다. 몇 개월 잠시 공사장에서 일하는 것도 아름답습니다. 배우고 성장하는 것은 본인의 역량이지 학원에서 알려주는 것이 아닙니다. 약간 회사에서 뭔가를 가르쳐주고 사원은 이를 익혀야 한다는 생각을 갖기도 하는데, 이건 지나치게 학원 교육 방식스러운 관점입니다. 가르치는 사람이 있고 배우는 사람이 있는 그런 구조에 길들어진 것이죠. 성장은 스스로 하는 겁니다. 돈은 그 과정에서 생기는 부산물이고요.

② 선량하게 목표를 달성해 봅시다.

여기서의 선량이라 함은 도덕, 윤리적인 테두리 안쪽을 이야기합니다. 한없이 퍼주는 아낌없이 주는 나무 같은 사업을 하란 이야기가 아닙니다. 저 분은 너무 힘들어 보이니 50% 할인, 이 분은 사정하시니까 40% 할인, 저 분은 아는 분이니까 20% 할인… 이런 식으로 가다간 결국 모두에게 상처를 주고 본인의 통장에도 큰 상처가 생길 수 있습니다. 선량을 퍼준다는 마음 대신 선을 지키고 공공의 가치를 추구하는 선의를 지키는 게 중요합니다. 좋은 서비스와 제품을 제공하고 제값을 받는 것. 이만큼의 윤리 의식만으로도 충분합니다. 마진을 높이려고 가격을 깎는 게 아니라 정당한 가격을 주고 제대로 된 품질과 수준을 요구하는 것이 선량합니다.

③ 호감과 구매의사는 다릅니다.

사람들이 좋아요도 많이 눌러주고 '꼭 놀러갈게요'를 댓글에 남기지만 이상하게 가게에 손님이 없을 수도 있습니다. 브랜드를 좋아한다고 해서 모두가 다 구매하는 것은 아닙니다. 저는 애정하는 홍차 브랜드가 있지만 정작 제가 제 돈 주고 사서 먹어본 적은 없었습니다. 하지만 주변에는 끊임없이 홍보하고 선물하곤 하죠. 아이러니합니다.

나는 안 사지만 주변에 홍보는 한다? 이는 호감은 있지만 구매 의사는 없는 상태입니다. 반대로 호감까지는 잘 모르겠지만 구매 의사는 충분한 경우도 있습니다. 어떤 안마기기 같은 경우엔 호감이 없어도 지금 내 어깨가 죽겠으니 사게 되더군요. 그 브랜드가 어딘지 뭐하는 곳인지도 잘 몰라도 됩니다.

이처럼 선호도와 판매도는 필히 연관성을 갖지는 않습니다. 사람들이 내 브랜드를 엄청 예뻐하고 좋아하지만 매출이 오르지 않는다? 이것은 제작자의 잘못이 아니라 어찌 보면 즉각적인 구매가 필요하지 않은 물품이라 그럴 수도 있습니다. 원두를 볶아 판매하고 있다면 더더욱 그럴 수 있죠. 커피는 자주 이용하고 충분히 구매력이 있는 상품이지만 선택지는 너무도 많고 꼭 안 먹어도 살 수 있습니다. 당장 구매해야 할 필요는 없죠. 하지만 당신의 브랜드를 좋아할 순 있습니다.

④ 체력이 떨어지지 않게 주의합니다.

식상한 말처럼 들리지만 매우 중요합니다. 대부분 체력과 컨디션이 떨어지면 생각이 많아지기 시작합니다. 안 좋은 쪽으로 말이죠. 우린 하루이틀 일하고 그만둘 게 아니기 때문에 체력을 매우 잘 관리해야 합니다.

몇 가지만 잔소리처럼 말씀드리자면, 모든 신체 부위는 소중하지만 특히 앉아서 일하는 게 많다면 소화기관과 허리를 조심하시기 바랍니다. 소화기관이 한 번 더부룩해지기 시작하면 온몸이 엉망진창이 됩니다. 특히 그날의 컨디션에 직격타를 날리죠. 허리는 전체적인 컨디션을 떠나서 아예 일을 못하게 만듭니다. 앉지도 서지도 눕지도 못하고 불편해지고 말죠.

요즘 저도 운동을 하고 있는데, 다이어트나 근육량 증가가 아니라 생존을 목적으로 운동을 하고 있습니다. 거의 앉아서 일하는 시간이 열두 시간 이상이라 어깨와 허리가 뻐근해지고 속이 더부룩해지는 것이 당연한 일상을 보냈습니다. 그 결과는 참담하더군요. 허리는 뒤틀리고 어깨는 말리고 속은 완벽하게 상했습니다. 이젠 김밥만 먹어도 체하고 밥 한 공기도 제대로 먹지 못하는 상태가 되어버렸죠. 그 전에 예방해야 합니다.

⑤ **재무 상태를 냉정하게 점검합시다.**

앞에서 말했듯 돈이 떨어지면 갑자기 특정 조건을 탓으로 돌리기 위해 레이더를 작동시킵니다. 정확히는 내 행위의 실패 원인을 명쾌하게 파악하고 싶은 것이죠. 이제부턴 돈이 떨어지면 과거의 내 계획을 반성하거나 초심을 생각하지 않아야 합니다. 내 계획은 틀림이 없었고, 게을렀던 과거는 이미 지나갔습니다. 초심은 지금 이 순간 딱히 중요하지 않습니다.

통장에 돈이 없다면 일단 재무 계획부터 다시 냉정하게 세워야 합니다. 앞서 '계획' 부분에서 말했던 대로 문제가 생기면 현재에 집중하는 것이 좋습니다. 일단 남은 돈이 얼마고, 들어올 돈이 얼마며, 나갈 돈은 얼마인지 정확하게 확인하고 지금 당장 급한 지출 순위를 매깁니다.

이때 내 제품이나 서비스를 깎아 돈을 벌지 않습니다. 차라리 신문 배달을 뛰거나 다른 소일거리 알바를 해서 돈을 메꿔 놓아야 합니다. 내 제품과 서비스의 품질과 가격대는 손대지 않습니다. 그건 우리의 밥줄입니다. 파격 세일, 특가 판매 등을 생각할 순 있겠으나 그건 구매 가능한 소비자가 존재하고 있고, 그들이 우리 가격대에 적응된 후에 이야기죠. 알지 못하는 브랜드의 세일은 소비자에게 그다지 매력적이지 않습니다.

함께 일하는
손들의 절실함

■ 우리는 협력 없이
■ 살 수 없다

　제가 제일 강조하고 싶은 이야기입니다. 내 생각, 능력, 물건을 파는 이야기를 계속하다 보니 책을 채운 문장이 대부분 '나'로 시작되었습니다. 결국 내 능력과 내 노력으로 모든 것을 일궈야 한다는 주제 같겠지만 그렇지 않습니다. 시작은 내가 하지만, 마무리는 혼자 할 수 없습니다. 보이는 또는 보이지 않는 누군가의 도움이 절실하며, 우리에겐 그것이 곧 기회가 됩니다. 결국엔 사람이 모든 것을 만듭니다. 대학교 선후배, 고등학교 동창, 전 직장 동료, 직장 상사, 또는 우연찮게 만난 사회

친구, 독서모임에서 만난 교수님 등 삶의 변곡점에 항상 사람
이 존재합니다. 기회는 늘 사람의 모습으로 등장하는 법이죠.
나의 시작과 성장, 현재의 모습이 존재하기까지 뒤에서 날 든
든하게 지원해 주는 사람들에 대해 이야기해 보겠습니다.

▶ 처음으로 나에게 값을 치른

사업자를 내고 처음으로 나에게 일을 준 분이 있습니다. 이
분은 매우 소중합니다. 나에게 가능성을 보여주고 첫 매출을
만들어주신 분이죠. 그 분이 지인이라면 더욱 소중해집니다.
홀로서기를 한다고 했을 때 대부분은 멋지다! 좋아요! 를 외치
지만 실제로 나에게 돈을 주는 분은 흔치 않습니다.

오히려 지인이라서 더 의뢰를 꺼리게 되는 경우도 있습니
다. 가까운 사이일수록 서로의 능력을 가치로 환산하는 것이
어려워집니다. 이는 주관이 개입되기 때문이죠. 친분이 있기
에 그걸 깨고 싶지 않다거나(저 같은 경우엔 지인과는 일을 안 하
려고 합니다. 일로 만났을 때 어떻게 관계가 변할지는 미지수거든요.)
오히려 친분 때문에 공짜나 헐값으로 부탁하는 경우도 있습니
다. 차라리 모르는 사이라면 칼같이 거절하거나 견적을 제시
할 텐데 아는 사람이라면 이는 더욱 어려워집니다. 이때 먼저

정당한 금액을 제시해 주고, 나의 능력을 믿어주시는 분이 있었다면 그분께 매우 잘해드려야 합니다.

▶ 필요할 때 나와 함께 도모하는

저는 디자인을 하기 때문에 보통 인쇄 업체 사장님이나 배너/현수막 제작 업체, 광고 대행사 등 다양한 협력 업체와 함께 일을 합니다. 파일은 제가 만들지만 실물 제작을 하는 경우는 모두 업체를 이용해야 하기 때문이죠. 이때 보통은 팀장 또는 실장님이라는 분들과 일을 하게 되는데 그분들은 제게 아주 소중합니다.

대행사에 있을 때에는 그분들과 자주 다투기도 하고 갈등도 있었습니다. 하지만 프로젝트가 끝나고 만나고 풀고, 자주 연락드리고 이것저것 서로 챙겨주면서 나름 끈끈한 관계를 형성하게 되었습니다. 물론 이렇게 친해졌다고 해서 금액을 할인해 달라는 요구를 해선 안 됩니다. 다만 한 번 볼 거 다시 한 번 봐주시는 겁니다. 자잘한 감리나 동판 다시 찍기, 퀵 배송, 인쇄 사고로 긴급 인쇄를 해야 할 경우 등 업무적 이슈가 생겼을 때 큰 도움을 받기도 했습니다.

이분들은 매출로 이어지는 실물을 만들어 내시는 분들이

며, 실상 이러한 분들의 주문과 지시에 따라 품질과 수준이 갈린다고 해도 과언이 아닙니다. 함께 일하는 제작 업체나 공장 장님들에게 항상 친절하고 공손하게 다가가야 합니다.

▶ 나를 노력하도록 붙드는

어떤 이슈로 인해 불만과 분노가 가득해진 소비자는 보통 별 반 개를 주고 다양한 반응을 보입니다. 짧게 욕설을 쓰시거나, 다짜고짜 전화해서 따지거나, 이게 어디가 어떻게 잘못된 건지 논리적으로 장문의 글을 전달해 주시기도 합니다. 이렇게 CS 문제가 발생한 경우에 모든 소비자의 요구를 다 들어줄 순 없습니다. 되는 것과 안 되는 것의 상식적인 구분이 필요하죠. '안 된다'로 끝내서는 안 됩니다. 대신 그 요구는 어렵지만 혹시 이런 방식은 어떻겠냐고 역제안을 해보는 것이 좋습니다. 내가 듣기에도 합당한 정도의 조치여야 하죠.

그 와중에 길고 길게 우리 브랜드의 문제점과 어디가 어떻게 잘못된 것인지 알려주시는 분들이 있습니다. 이분들은 매우 소중한 분들입니다. 실제로 브랜드에 대해 직접적인 불만을 제기하는 고객은 6% 미만이라고 합니다. 대부분은 당사자가 아닌 주변 친구들에게 부정적인 의견을 퍼뜨리죠. 이는 무서운 것입니다. 이유도 모른 채 매출이 떨어지기 시작하니까요. 이렇게 직접 의사를 표현해 주는 고객에겐 직접 찾아가거나 메일을 보내는 등 적극적으로 소통하려는 의지를 보여주어야 합니다. 이것은 기회입니다.

《불평하는 고객이 좋은 기업을 만든다*A complaint is a gift*》의 저자 자넬 발로Janelle Barlow는 "불만을 말하는 고객은 선물이다"라고 말할 정도였습니다. 불만이 없는 고객의 재구매율이 9%대인 반면, 좋은 응대로 불만 고객에서 전환된 고객들은 54% 이상이 재구매를 했다고 합니다. 놀라운 건 그냥 불만을 표출하는 고객들도 19% 이상의 재구매율을 보였다는 점입니다(시어도어 래빗Theodore H. Levitt,《내일을 비추는 경영학 *Thinking about management*》). 실제로 저 또한 아무 문제 없이 잘 헤어진 고객보다 티격태격하며 의견 충돌이 있었던 고객과 더 오래 관계가 지속되기도 했습니다. 문제 자체보다 그것을 어떻게 대응하느냐가 훨씬 중요합니다.

▶️ 끈끈하진 않더라도 가끔씩 오래 보는

요즘 너무 깊지 않으면서 얕은 관계를 흔히 '느슨한 연대'라는 말로 표현합니다. 사생활이나 무의식을 침범하지 않으면서 서로의 행위와 목적을 돕는 사회적 관계를 의미합니다. 서로의 **SNS** 포스팅을 보며 좋아요와 가벼운 댓글을 다는 정도의 사이가 대부분이지만 종종 스치는 와중에 내가 무슨 일을 하는지 기억해 주고 날 소개해 주거나 좋은 기회를 전달해 주시는 분들이 있습니다.

'이것 한번 봐보세요!'라고 태그를 걸어주시거나 '이거 딱 대표님 위한 것 같은데요?'라고 뭔가를 캡처해서 보내주시는 분들이죠. 모든 기회를 혼자 발견하긴 어렵습니다. 일하느라 정신이 없기 때문이죠. 그렇기에 수많은 사람의 눈과 손이 절실합니다. 이렇듯 당신에게 새로운 기회를 선사하고 떠올려주시는 분들께는 꼭 사례와 감사인사를 잊지 않고 챙깁시다.

▌▶ 묻지도 따지지도 않고 도와주는

느슨한 연대의 시대에 본인 일이 아님에도 불구하고 정말 발 벗고 도와주는 지인들이 있습니다. 당신의 생각을 지지해 주고 동경하며 당신이 잘되길 바라는 첫 번째 팬이라고 해도 과언이 아닙니다.

사업 초기엔 이런 분들의 도움을 정말 많이 받았습니다. 온종일 서 있어야 하는 행사를 도와주러 주말에 나와주거나 (아주 적은 비용이었음에도 불구하고) 본인의 일을 제쳐두고 내 일을 먼저 도와주는 분이라거나, 정말 열과 성을 다해서 내가 놓친 부분까지 살펴주는 분들. 저는 이 분들에게 아주 큰 빚을 졌습니다. 보통 이런 분들은 바람처럼 나타났다가 홀연히 사라지는 경우기 많습니다. 모든 인연을 평생 기져갈 순 없지만, 이런 분들에겐 시간이 지났더라도 고마웠다고 꼭 인사를 나누는 것이 도리입니다.

▶ 늘 한결같이 기둥처럼 지켜주는

애인이 있습니까? 먼저 물어보는 것이 예의니까 여쭤보았습니다. 있다면 그분께 매우 잘해드려야 합니다. 가족과 함께 지내고 계시나요? 그렇다면 가족에게도 잘해드려야 합니다. 사실 저는 이걸 좀 못했습니다. 가까이 있으니 더욱 소홀해지게 되고, 우선순위에서 밀리기도 하죠.

일은 지나가면 다시 오지만, 관계는 상처가 나면 다시 회복되기가 어렵습니다. 일을 하면서 생기는 짜증과 스트레스는 자연스럽게 가까운 사람을 향하게 됩니다. 일이란 게 그렇습니다. 솔직히 계약 따낼 때와 세금계산서 끊을 때를 제외하곤 모든 순간이 스트레스이며 혼돈의 연속입니다. 일하는 내내 예민한 상태일 텐데, 상대방은 그런 내 삶의 무게를 온전히 받아들여야 하는 걸까요? 결국 내가 지닌 압박감과 스트레스가 연인을 병들게 만들 수도 있습니다. 당신이 소비자나 클라이언트에게 탈탈 털리고 돌아왔을 때 기댈 곳은 그들밖에 없습니다. 일에 묻혀 가까운 사람을 잊지 마세요.

팔리는 나를
만들어 팝니다

1판 1쇄 발행 2020년 2월 10일
1판 2쇄 발행 2020년 2월 20일

지은이 박창선

발행인 양원석
편집장 박나미
책임편집 이정미
일러스트 선우훈
디자인 RHK 디자인팀 박진영, 김미선
영업마케팅 조아라, 신예은

펴낸 곳 ㈜알에이치코리아
주소 서울시 금천구 가산디지털2로 53, 20층 (가산동, 한라시그마밸리)
편집문의 02-6443-8827   **도서문의** 02-6443-8800
홈페이지 http://rhk.co.kr
등록 2004년 1월 15일 제2-3726호

ISBN 978-89-255-6870-6 (03320)